职业教育改革创新教材——公共基础课系列

# 中职生体育与健康

## 拓展与职业模块

胡德刚　董晓艳　刘慧茹　◎　主编



清华大学出版社
北京

## 内 容 简 介

本书是职业教育改革创新教材，根据《中共中央　国务院关于深化教育改革全面推进素质教育的决定》，依据《中等职业学校体育与健康课程标准》《国务院办公厅关于强化学校体育促进学生身心健康全面发展的意见》等文件编写而成。

本书与《中职生体育与健康（基础模块）》是配套教材。基础模块的主要内容包括体育理论、田径、足球、篮球、排球、乒乓球、羽毛球、网球、游泳、武术、健美操；本书（拓展与职业模块）的主要内容包括定向运动、瑜伽、轮滑、矫正体操、职业与体育、职业与健康、职业与安全等。

本书可作为中等职业学校体育课程教材，也可作为该领域从业者借鉴参考的工具书。



**图书在版编目（CIP）数据**

中职生体育与健康：拓展与职业模块/胡德刚，董晓艳，刘慧茹主编．—北京：清华大学出版社，2024.3

职业教育改革创新教材．公共基础课系列

ISBN 978-7-302-65459-9

Ⅰ．①中…　Ⅱ．①胡…　②董…　③刘…　Ⅲ．①体育课－职业教育－教材　②健康教育－职业教育－教材　Ⅳ．①G634.961

中国国家版本馆 CIP 数据核字（2024）第 043286 号

**责任编辑：** 刘士平
**封面设计：** 张鑫洋
**责任校对：** 袁　芳
**责任印制：** 刘　菲

**出版发行：** 清华大学出版社
**网　　址：** https：//www.tup.com.cn，https：//www.wqxuetang.com
**地　　址：** 北京清华大学学研大厦 A 座　　**邮　　编：** 100084
**社 总 机：** 010-83470000　　**邮　　购：** 010-62786544
**投稿与读者服务：** 010-62776969，c-service@tup.tsinghua.edu.cn
**质量反馈：** 010-62772015，zhiliang@tup.tsinghua.edu.cn
**课件下载：** https：//www.tup.com.cn，010-83470410
**印 装 者：** 三河市铭诚印务有限公司
**经　　销：** 全国新华书店
**开　　本：** 185mm×260mm　　**印　　张：** 8　　**字　　数：** 182 千字
**版　　次：** 2024 年 4 月第 1 版　　**印　　次：** 2024 年 4 月第 1 次印刷
**定　　价：** 29.00 元

---

产品编号：100021-01

# 《中职生体育与健康（拓展与职业模块）》编写委员会


**主　编**　胡德刚　北京建筑大学
　　　　　董晓艳　北京市第四中学
　　　　　刘慧茹　北京市第四中学

**副主编**　郑安微　福建省同安第一中学
　　　　　贾　秦　河北师范大学附属民族学院
　　　　　蔡杰铮　北京市十一学校
　　　　　辛守刚　北京市第四中学
　　　　　迟小鹏　北京外国语大学

**编　委**（按姓氏笔画排序）
　　　　　马彩云　厦门市同安区滨城小学
　　　　　王　品　北京物资学院
　　　　　李少杰　深圳外国语学校
　　　　　李伟才　北京警察学院
　　　　　迟　海　北京市十一学校
　　　　　张宏宇　北京信息科技大学
　　　　　岳全亮　北京教育学院附属中学
　　　　　周惠娟　中华女子学院
　　　　　胡晓琛　北京语言大学
　　　　　耿　洁　北京科技大学
　　　　　郭兰兰　对外经济贸易大学
　　　　　郭美娟　北京工业大学
　　　　　顾克娟　中国社会科学院大学
　　　　　曹玉仙　天津外国语大学附属滨海外国语学校
　　　　　廖惠萍　厦门外国语学校湖里分校

# 前　言

FOREWORD

本书是职业教育改革创新教材，根据《中共中央　国务院关于深化教育改革全面推进素质教育的决定》，依据《中等职业学校体育与健康课程标准》《国务院办公厅关于强化学校体育促进学生身心健康全面发展的意见》等文件编写而成。本书在编写时努力贯彻教学改革的有关精神，严格依据新教学标准的要求，努力体现以下特色。

**1. 立足职业教育，突出实用性和指导性**

（1）教材编写内容紧扣新课程标准要求，定位科学、合理、准确，力求降低理论知识点的难度；正确处理好知识、能力和素质三者之间的关系，保证学生全面发展，适应终身体育能力的需要；以就业为导向，既突出学生对运动技术运用能力的培养，又保证学生掌握必备的基本理论知识，实现"练"有所思，"学"有所悟；贯彻课程建设综合化思想，合理协调基础理论知识与基本技能之间的密切关系，将不同的知识有机地结合起来，为学生奠定必要的健身知识与技能基础。

（2）教材内容立足于为高素质劳动者培养目标服务，注重"通用性教学内容"与"特殊性教学内容"的协调配置，体现出新编教材对不同地区、不同专业既有"统一性"要求，又有选择上的"灵活性"或"差异性"，尽量满足不同层次、不同地区、不同职业的需要。

（3）教材内容通俗易懂，标准新、内容新、方法新，突出实践性和指导性，拉近现场与课堂教学的距离，丰富学生的感性认识。

**2. 以学生为中心，创新编写体例**

（1）针对部分教学内容，在教材中设置具有直观性和带有感情色彩的正文、知识链接、小贴士、图片等，让学习内容表现出通俗性、生动性、实用性和指导性等，以此激发学生对该课程的学习热情和学习兴趣，缩短理论与实际应用之间的距离，构建理论与应用之间的纽带，培养创新能力和自学能力。

（2）设置类型多样的思考题（如应用题、简答题、分析题等），降低难度，突出针对性和实用性，立足加强学生对知识点的理解和掌握；改变单一的"考学生"的教学观念，树立引导、服务和帮助学生掌握知识的新理念。

（3）部分内容可以通过分组教学、课外锻炼、专题讨论等方式开展教学，引导学生积极主动地交流与探讨，创新与探讨开放式教学环境，提高学生的探索兴趣，加深学生对相关知识的理解和应用。

**3. 重视学生个性发展需要，渗透探索精神、创新意识、爱国教育等**

（1）以人为本，面向学生个性发展需要，设置学习目标、学练提示和思考题，营造相互交流、相互探讨的学习氛围，激发学生的学习兴趣，培养学生的分析能力和自学能力。

（2）介绍成熟的新知识、新技能，并面向实际应用，让学生在日常锻炼中能够运用正确的方法。

(3) 在课程学习和教学实践活动中注重渗透爱国主义教育、职业道德教育、心理健康教育，激发学生的爱国热情和敬业精神。

本书在编写过程中参考了大量的文献资料，在此向文献资料的作者致以诚挚的谢意。由于编者水平有限，书中难免存在疏漏和不妥之处，恳请广大读者批评、指正。

编　者

2023 年 11 月

# 目　录

CONTENTS

## 拓展模块



## 职业模块

# 拓展模块

# 第一章　定向运动

定向运动起源于北欧，迄今为止已有100多年的历史。20世纪80年代，定向运动传入中国，经过30多年的“蛰伏”之后，近来在国内迅速发展，每年都会举行100多场正式比赛。

定向运动可以提高人体的综合素质，强健身体、开发智力、培养兴趣，同时可以在轻松愉悦的活动中学好地图知识，培养逻辑思维能力，提高应对困难的能力……定向运动是一项既挑战身体能力，也挑战心理能力的运动。

**学习目标**

1. 了解定向运动的起源与发展、特点、分类与锻炼价值。
2. 学习定向运动的基础知识和技能，掌握定向运动的技巧和方法。
3. 学会欣赏定向运动。

## 第一节　走进定向运动

定向运动，就是利用地图和指北针依次到访地图上所指示的各个点标，以最短时间到达所有点标者为胜。定向运动有100多年的历史，在我国，作为一项新兴的运动，深受大众的喜欢。定向运动是人类在山水田园间寻求生命本真意义，体验返璞归真，畅游自然，寻求精神回归美好诉求的极佳选择。

### 一、定向运动的发源地——斯堪的纳维亚

斯堪的纳维亚位于欧洲北部，全区森林茂密，是世界上湖泊最多的地区。这里城镇、村庄稀疏散落，人们主要依靠那些隐现在林中湖畔的弯弯曲曲的小路走出这里。最经常在斯堪的纳维亚半岛山林中行动的人们——军队，便成了开展定向运动的先驱。他们利用地图和指北针穿越茫茫林海，在山林里辨别方向、选择道路、越野行进，完成保卫国家的重任。

### 二、定向运动之父——吉兰特

定向运动作为大众体育项目来开展，是从20世纪初开始的。1918年，瑞典童子军领袖、斯德哥尔摩业余运动协会主席吉兰特(MaijOr Ernst Killander)组织了一次名为

"寻宝游戏"的活动，有217人参加了3个级别的比赛，该活动取得了巨大的成功，激发了参加者的极大兴趣，受到了人民和军队的重视。于是，"寻宝游戏"很快在瑞典和欧洲其他国家流行起来。

1920年，吉兰特为定向运动竞赛制定了包括竞赛规则、路线分类、检查点位置选择、按年龄分组的方法和竞赛组织机构等规则，奠定了现代定向运动的基础，为现代定向运动的推广和发展作出了巨大的贡献，被人们尊称为"现代定向运动之父"。

## 三、定向运动的家族

### （一）徒步定向

徒步定向（俗称定向越野）(cross-country orienteering)是各种定向运动比赛中组织方法比较简便、开展最为广泛的一种。

参赛者利用一张详细精确的地图和一个指北针，按顺序到访地图上所指示的各个点标，以最短时间到达所有点标者为胜。徒步定向通常设在森林、郊外和城市公园里，也可设在校园、工厂里。

一条标准的定向路线包括一个起点（用三角表示），一个终点（用双圆圈表示）和一系列点标（用单圆圈表示）。这些点标会在地图上标明。

### （二）山地车定向

山地车定向运动是集山地车运动和定向运动于一体的新型竞赛项目。参赛运动员需要骑山地车，到访地图上标注的各个检查点。

### （三）轮椅定向

轮椅定向是按照顺序到访地图上所指示的点标(controls)，利用轮椅为工具进行的一项越野运动。

### （四）滑雪定向

滑雪定向可以按个人、团体或接力比赛等形式进行。与个人徒步定向越野赛的区别是，选手需要使用滑雪装备（非机动的），要使用摩托雪橇来开辟比赛滑道，同一比赛路线上有多条滑道以便选手自行选择。滑雪定向也是国际定向运动联合会的正式比赛项目之一。

## 四、定向运动的组织

### （一）国际定向运动联合会

为使定向运动在全世界普及和发展，1961年5月，十几个国家的定向运动积极分子在丹麦首都哥本哈根成立了国际定向运动联合会(International Orienteering Federation，IOF，以下简称国际定联)。国际定联是世界定向运动的行政实体，是国际体育联合会总会之一。为确保会员在联合会所有活动中的自主与平等，国际定联确定了正式的比赛项目，并制定了一系列的比赛规则与技术规范，以处理运动中的冲突、维护定向运动的利益。

**知识链接**

国际定向运动联合会的主要赛事是每两年一次的世界定向越野锦标赛、定向越野世界杯、定向滑雪越野锦标赛、定向滑雪越野世界杯和定向滑雪越野青年锦标赛；每年一次的世界定向越野青年锦标赛和世界定向越野老年锦标赛。

（二）中国定向运动协会

1995 年 12 月，由国家体育总局主管的国家级单项体育协会——中国定向运动协会，在民政部注册正式成立。中国定向运动协会是具有独立法人资格的全国性群众体育组织，是由定向爱好者、定向专业人士、从事定向活动的单位或团体自愿结成的专业性、全国性、非营利性社会组织，是代表中国加入国际定向运动联合会（IOF）的唯一合法组织。

协会的建设宗旨：团结全国定向爱好者和工作者；推动和指导定向运动在我国的普及和提高；加强我国定向界与国际定向界的交流与合作。中国定向运动协会的成立为中国的定向运动事业翻开了崭新的一页。

## 五、定向运动与健身

定向运动是一项非常健康的智能型体育项目，是智力与体力并重的运动。它不仅能强健体魄，而且能培养人独立思考、独立解决困难的能力及在体力和智力受到压力的情况下作出迅速反应、果断决定的能力。

（一）提高体适能水平

体育运动主要通过维持或提高体适能来促进健康，定向运动是一种良好的发展体适能的运动。定向运动是有氧运动，走或跑着穿越零乱的地形既能让人兴奋，又能发展心肺适能和肌肉适能，还能有效提高灵敏素质、平衡素质等。定向运动是对心理和身体的双重挑战，它要求在复杂地形上做到身体活动与地理环境、心理活动的协调，培养协调能力、自我控制能力和应变能力。

（二）增长知识和技能

定向运动涉及自然地理学、环境地理学、数学等多方面的知识和技能，还能促进语言表达技能的学习和应用。在野外开展工作和活动，地图和指北针是重要的工具。通过定向运动，学习地图和指北针的使用，能够掌握地图、指北针与地形的关系，提高捕捉地表特征、在地图上对其定位的能力。这些技能的学习和掌握不仅与自然地理学和环境地理学知识的应用息息相关，而且与野外工作和生活能力的提高有着密切联系。

如比例尺、距离、方向、位置、形状、空间的确定、测量与分析等都涉及应用数学知识解决生活中实际问题的能力。

(三)改善心理素质

定向运动可以从多个方面改善人的心理素质,特别是社会化水平、自我评价能力、自尊、自信、情绪控制能力、独立分析和解决问题的能力。定向运动是体验型体育运动,在教学和训练中,教师或教练通常无法直接对运动进行监控,只能在活动结束后,通过交流,对参与者进行评价和指导。因此,它非常强调参与者在运动后的交流。除此之外,定向运动必须同时考虑5个方面的主要问题:方位、位置、路线选择、地图的内容和前进的速度。因此,定向运动有助于培养参与者综合分析、独立分析问题、解决问题的能力,自我评价能力和进行有效交流的能力,从而提高参与者的社会化水平。

# 第二节 体验定向运动

定向运动作为一项新兴的运动,在世界各地正吸引着越来越多的人参与并为之狂热。因为它既是一种户外休闲、娱乐运动,又是一项竞技运动,同时在装备上要求较低,只要有地图和指北针就可以进行。

## 一、定向运动的基本装备

(一)地图

定向运动地图(图1-2-1)是一种按一定比例尺表示地貌、地物平面位置和高程的正射投影的平面地形图形。定向地图是建立在地形图基础上的运动用图,与一般地图相比,定向地图更加详尽地记录了地面的情况。它利用等高线表示山的形状和高度,利用各种颜色表示植物分布和前进的难易程度,利用各种符号表示地面的特征。定向地图与指北针是定向竞赛者能快速找到控制点、完成赛程的主要依据,因此地图必须非常准确与精确,

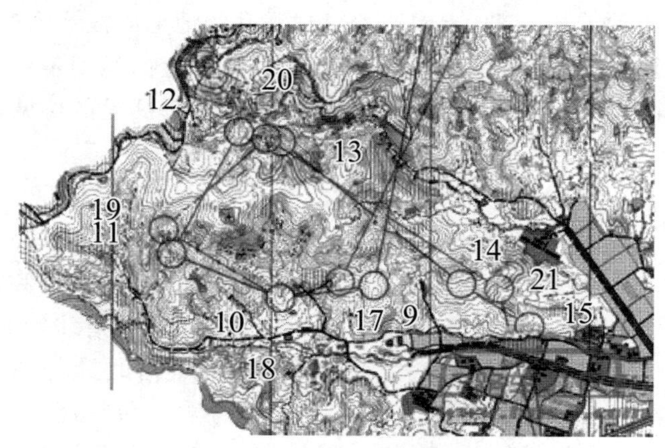


图1-2-1 定向运动地图

才能用来测试参赛者的定向能力。定向地图可表现地表上的详细特征。

**1. 地图比例尺**

比例尺也称缩尺,它表示图纸上的长度与其相应的实际长度之比。地图上某两点之间的直线长度与相应的实地水平距离之比,称为地图比例尺。其表达式为

地图比例尺=图上距离/实地距离

地图的长度单位一般为厘米(cm)。如某幅地图上长1cm的距离相当于实地距离10 000cm,那么此幅地图的比例尺为1∶10 000,或1/10 000。因此,比例尺越大,图上测量的精度就越高;比例尺越小,图上测量的精度就越低。

**2. 地图上的地貌符号**

地貌即地球表面高低起伏的各种形态,如山地、谷地、平地等。地物,即分布在地球表面上自然形成和人工建造的固定物体,如江河、湖泊、居民点、道路、水利工程建筑等。地形,即地貌和地物的统称。

(1) 等高曲线法表示地貌的原理

等高曲线法是用成组的等高线来表示地貌的。成组的等高线的形成原理是假设用一组平行且等距的平面,将地面上起伏的山体从底部到山顶水平切开,山体外廓与平面相截形成了一组大小不等的截口曲线,将这些截口曲线垂直投影到同一平面上,然后按照比例尺将其绘制在图纸上,即可制成平面地形图。

(2) 等高线显示地貌的特点

① 同一条等高线上,各点的高度相等,并各自闭合。

② 在同一幅地图上,等高线多,山就高;等高线少,山就低。

③ 在同一幅地图上,等高线间隔小,实地坡度陡;反之,则相反。

④ 等高线的弯曲形状与相应实地的地貌形态相似。

**3. 地物符号**

地图上的各种地物是用不同形状、大小不一、色彩有别的符号表示的,包括面状符号、线状符号、点状符号。各种符号都有不一样的含义,如图1-2-2所示。

## (二) 指北针

指北针是定向运动中运动员可以使用的合法的辅助工具之一,如图1-2-3所示。定向运动员使用的指北针一般都是以装有磁针的透明有机玻璃盒为主体,根据选手使用方式上的差异分为基板式和拇指式,有的指北针在有机玻璃盒内装有起稳定作用的特殊液体,该种指北针能够增加磁针的稳定性,特别适宜在奔跑中使用。

**1. 指北针的使用方法**

指北针式样繁多,本书将依据定向运动最为广泛使用的透明底板指北针(简称森林指北针)叙述运用指北针定向的方法。

**2. 指北针归零作业**

指北针归零作业是使用森林指北针的前置作业。其步骤是:首先将指北针水平放置,

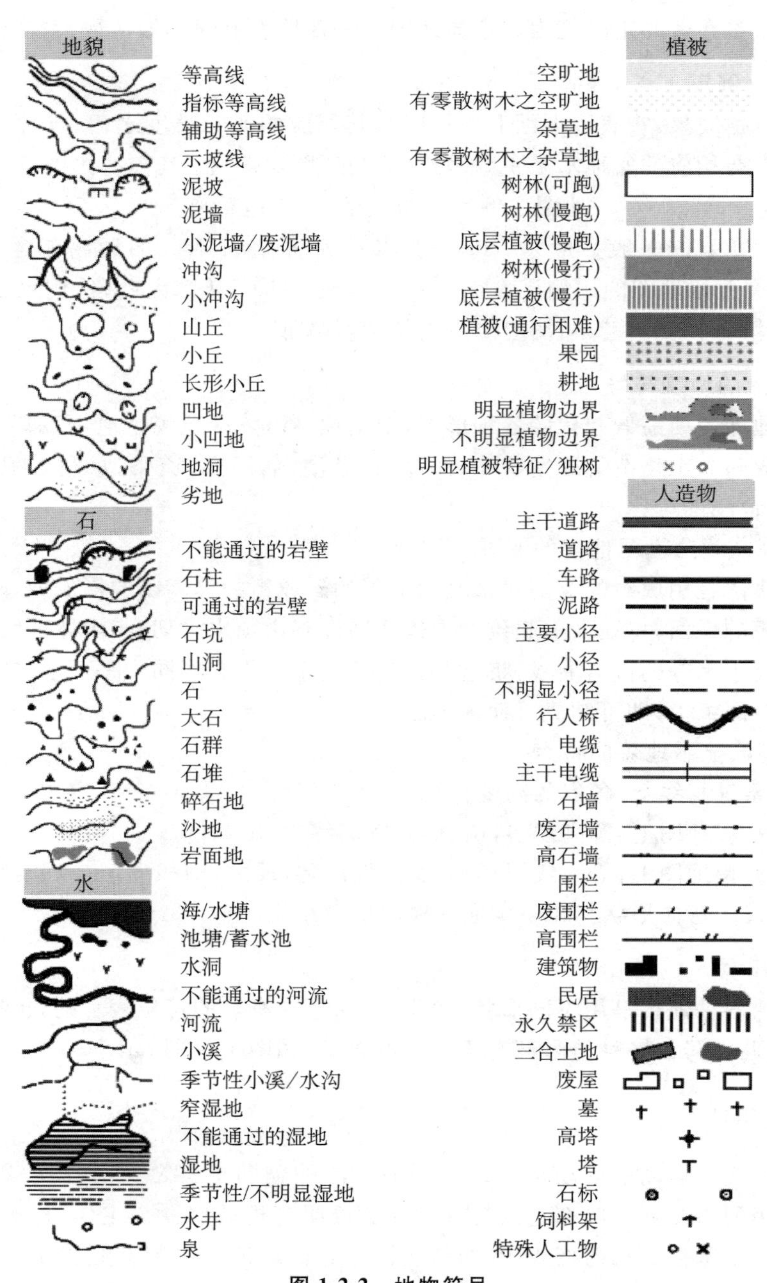

图 1-2-2 地物符号

然后根据所在地的情况，适当修正磁偏角度。

**3. 目标方位角**

测量目标方位角时，现场的北方必须与地图的方格北平行，然后将指北针的红色进行线对准目标地，读出目标与方格北的角度并校正地图的方位偏差角，即为目标方位角。

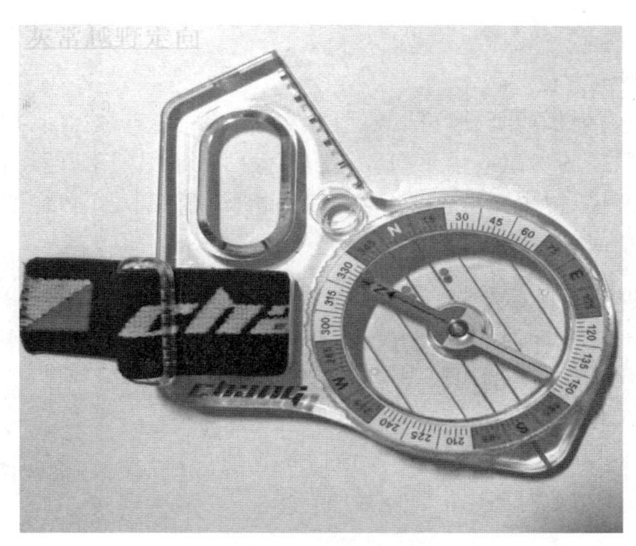

图 1-2-3　定向指北针

**4. 使用指北针的注意事项**

(1) 尽量保持指北针水平放置。

(2) 指北针不要离铁、磁性物质太近。

(3) 不要将磁针的 S 端与 N 端混淆，以免造成误判。

(4) 使用前要检查磁针是否灵敏，检查方法是用钢铁类物体多次扰动指北针，若磁针每次都能摆动并迅速停止于同一处，表明磁针灵敏；反之则不灵敏，指北针不能使用。

(5) 注意存放的位置，不要将指北针放在充满电磁效应的地方，也不能将其置于阳光下暴晒。

## 二、定向运动的基本技能——定向与定位

定向运动的实质就是利用最短的时间到达规定的目标点。要到达这个目标点并判断方位标，首先要学会辨明方向、判断方位，找准所在位置，明确目标和路线，迅速找到目标点。

### (一) 实地判定方位

实地判定方位是指在实地辨明方向。在野外，可帮助我们辨明方向的工具有很多，白天可利用手表和太阳分辨方向，晚上可利用星体辨别方向，还可以利用地物特征、风向、建筑物等来判定方位。

**1. 利用指北针判定方位**

方法：将指北针放平。待磁针完全静止后，磁针的红色一端即 N 端代表北面，蓝色一端即 S 端代表南面。如果测定方位的人面向北，则他的左为西、右为东、背后为南。如果想测某一点的方位，可将罗盘上零刻度对准目标，待罗盘水平静止后，N 端所指的刻度便是测量点至目标的方位。如磁针 N 端指向 340%，则表示目标在测量位置的北偏

东 40%。

**2. 利用地物判定方位**

在有地物和植物生长的野外，可以根据日常生活习惯和自然客观规律进行方向判定。如在北半球，我们居住的房屋或用于朝拜的庙宇大门通常都朝南开设；树木一般朝南的一侧枝叶茂盛，色泽鲜艳，树皮光滑，向北的一侧则相反；长在石头上的青苔喜阴湿，以北面为多；积雪多半是朝南的一面先融化。

**3. 利用太阳和手表判定方位**

在晴朗的日子，上午 9 时至下午 4 时，用时针对准太阳，如图 1-2-4 所示，此时手表上的时针与 12 时刻度夹角平分线所指的方向为南方，相反为北方。但要注意一是将手表平置，二是在南纬、北纬 20°30′之间的地区中午前后不宜使用，三是要把标准时间换算为当地时间。

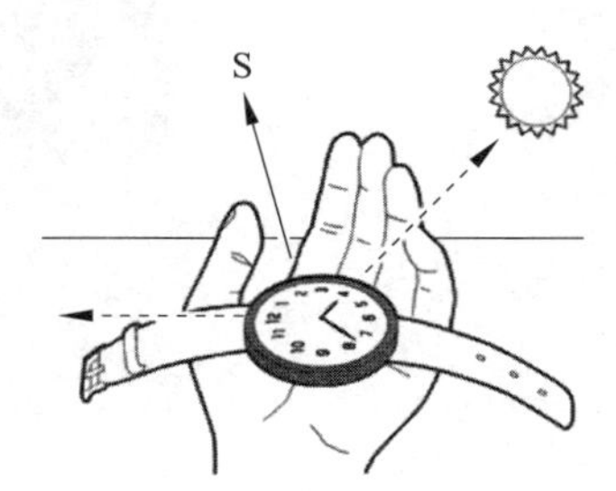


图 1-2-4 手表指南

（二）标定地图

给地图定向就是标定地图，即使地图的方位与实地的方位一致。通过标定地图，就可以将定向的地物地貌符号与实地的地物地貌一一对应，这不仅可以帮助我们迅速查看地图、了解实地地物的分布、地貌的起伏和它们之间的关系，还可以帮助我们根据地图上的路线选择具体的实地运动路线。这一技能将贯穿整个运动过程。常用的标定地图的方法有概略标定、利用指北针标定、利用地物标定。

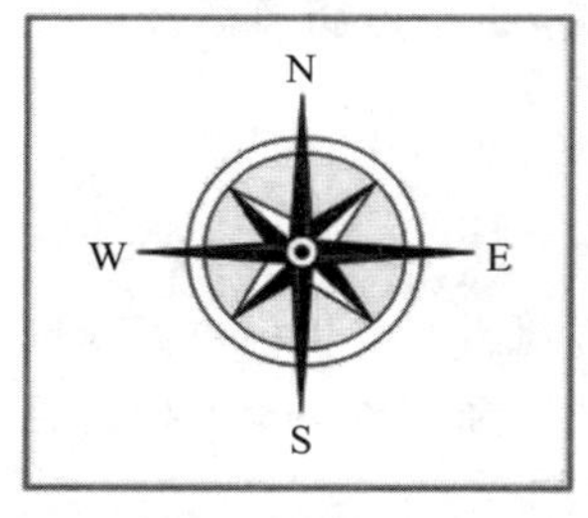


图 1-2-5 地图方位标示

**1. 概略标定地图**

地图上的方位是上北、下南、左西、右东，如图 1-2-5 所示。当在实地正确地辨别了方向之后，只要将地图上的上方对向实地的北方，地图就已标定。该方法简单、易学，是定向越野比赛中最常用的方法。

**2. 利用指北针标定地图**

定向地图上标有磁北线，用红色粗线条标出，箭头指向地图的上方。利用指北针标定地图时，通过转动地图，使指北针上的红色指针与磁北线的方向吻合或平行。由于指北针上的指针和地图上的磁北线都是红色的，所以也称此方法为“红对红”或“北对北”。

**3. 利用地物标定地图**

(1) 利用直长地物标定地图。直长地物是指较长的线状地物，如铁路、公路、土垣、沟渠和高压线等。

方法如下。

① 在地图上找到这段直长地物。

② 转动地图，使地图上的直长地物与实地的直长地物方向一致。

③ 对照两侧地形，使地图与实地各地形点的关系位置相符。

（2）利用明显地形点标定地图。在实地找到一个与地图上地物符号对应的明显地物，如小桥、亭子、独立的建筑等，然后转动地图，使图上的站立点至目标的连线与实地的站立点至目标的连线重合。

### （三）确定站立点在地图上的位置

确定站立点在地图上的位置是从事定向运动的一项基本技能。其主要方法是：通过标定地图，将地图与实地的地物、地貌进行逐一对照，确定自己的方位。

**1. 直接确定**

当自己所处位置在明显地形点上时，只要在地图上找出该地形点，即可确定站立点。这是最常用的确定方位的方法。

**2. 利用位置关系确定**

当站立点位置在明显地形点附近时，可以利用相对位置关系来确定。利用位置关系法确定站立点主要依据两个要素：一是站立点至明显地形点的方向，二是站立点至明显地形点的距离。在地形起伏明显的地方，还可以结合高差情况进行判定。

**3. 利用交会法确定**

当站立点附近无明显地形点时，可以利用交会法确定站立位置。当待测点位于线状地形上时，比较常用的有90°法、连线法。

90°法：当运动在线状地物如道路、沟渠、山脊线上时，如能在与运动方向相垂直的线上找到明显的标志物，那么就可以用90°法。

连线法：当在线状地物上运动，同时待测的位置刚好在某两个明显的地形点的连线上时，可以利用连线法确立站立点的位置。

## 三、定向运动的技术关键——选择路线

定向运动是利用地图和指北针，按顺序、以最短的时间到达所有检查点的一项智能和体能相结合的体育运动。而定向运动中智能的较量，主要体现在路线的选择上，这是定向运动的技术关键。选择正确的路线可以达到事半功倍的效果。

### （一）选择路线的标准

（1）省体力。

（2）省时间。

（3）最安全。

（4）便于发挥自己的技能或体能优势。

### （二）选择路线的原则

（1）“有路不越野”原则。若地图现势性强，点与点之间道路标示详细，则可选择“有路不越野”。因为道路有利于地图与实地的对照，也有利于运动中随时明确站立点在地图

上的位置，不易迷失方向。如路与路的交叉口，路的拐弯角，路的最高点、最低点等。同时道路相对光滑、平坦，不仅有利于提高奔跑速度，还可以节省体力。

（2）“择近不择远”原则。若两点之间起伏不大，树林稀疏，通透性强，则可选择“择近不择远”。

（3）“走高不走低”原则。如果不得不越野，应尽量在高处（如山脊、山背）行进，避免在低处（如山谷、凹地）行进。这是因为，第一，地势高，展望好，便于确定站立点和保持行进方向；第二，高处通风、干燥，荆棘、杂草、虫害及其他危险少；第三，人们都习惯在高处行走，因此，像在山脊这样的地方，常常会有放牧、砍柴的人踏出的小路，便于提高运动速度。

（4）“遇障提前绕”原则。在起伏较大、树林密集、障碍大的地段，坚持“遇障提前绕”。

## 四、定向运动的体能基础——越野跑

定向越野的越野跑实际上是一种长距离的间歇式赛跑（在途中常常需要停下来看地图或定向）。这种在户外环境中的奔跑，肌肉的紧张与放松，身体的负荷与精神的专注不断地交替进行，且需要蜿蜒前行，避开崎岖路段，对体能的要求是十分严格的，因此在定向运动的比赛中，拥有良好的体能是基础。

定向越野的越野跑要求一方面应尽可能地减少体能的消耗，维持一定的速度；另一方面，在比赛的过程中又能根据比赛的情况，具有加速的能力。所以，在平时的锻炼和训练中应注意以下几点。

### 1. 跑步的姿势

主要采用身体正直或稍微向前倾的姿势。要尽量使身体的各部分（头、躯干、臂、臀、腿、足）的动作协调配合，并且善于利用跑步中产生的支撑反作用力与惯性不断前进，使身体保持平稳。

### 2. 呼吸方式

最好采用口鼻呼吸，以满足越野中的需氧量。呼吸要有节奏、平稳、自然。当“极点”出现时，应加快呼吸的频率和深度，以便调整自己的身体。

## 知识链接

“极点”的产生，主要是由于内脏器官的惰性造成的。因为人体从相对安静状态到剧烈运动状态，四肢肌肉能迅速适应，进入工作状态；而内脏器官，如呼吸、循环系统等，却不能很快发挥其最高的机能水平，造成体内缺氧，大量的乳酸和二氧化碳积聚，使植物神经中枢和躯体性神经中枢之间的协调遭到暂时破坏，这是一种正常的生理现象。

产生极点的原因：身体从安静状态进入运动状态时，体内各器官及系统都需要一段时间适应。训练水平低及运动前的准备活动不足，都会增加出现极点现象的机会。

克服极点的方法:出现极点现象时,应减少运动强度,加大呼吸力度进行调整,“第二次呼吸”就会很快到来,可继续轻松地运动。

**3. 体力分配**

可以按选择的路段,或者按比赛的阶段(起点、途中、终点),或者以自身体能状况的不同确定。通过工作阶段(肌肉的紧张)和休息阶段(肌肉的放松)适时交替的方法,达到既跑得快又跑得省力的目的。

**4. 行进速度与节奏**

越野跑的过程中,速度不宜过快,过快的速度容易疲劳,使判断和分析能力下降。适宜的节奏也是必需的,有节奏的动作不仅能减少身体能量的消耗,而且能达到最适宜的动作协调。协调而富有节奏的动作,能给人以轻松自如的感觉和美的享受。

**概念链接**

越野跑节奏,根据试验材料表明,人感受的最适宜节奏是每分钟70～90次(即每步时值为0.85～0.67s)。

**5. 采取正确的间歇方式**

一般来说,在间歇时采用放松性的慢跑比走好,走比停要好,没有特殊的情况不要坐下来。因为要保证一定的身体工作能力,一旦完全休息下来,重新启动会消耗更多的能量。

## 五、定向运动的安全保障——野外知识

定向运动通常设在森林、郊外和城市公园,环境较为复杂,掌握一定的野外知识是非常有必要的。

### (一)个人着装

在野外,穿着的服装应舒适、宽松、柔软,遵循多层原则,应对野外温度变化的方法就是及时地增减衣服。爬山出汗,穿运动衫即可;若在阴冷潮湿、阳光照不到的森林中,就要穿长袖衬衫;若衣服被汗水浸湿了,应及时更换,保持清爽、暖和。

徒步健身,对鞋子的选择十分有讲究。在不平的路面步行时,鞋子的舒适与否关系到脚疲劳的程度。步行鞋既轻又软,具有机械性。购买步行鞋时,应注意的要点如下:脚尖、脚后跟的强度要适中,应有防滑条纹;试穿时,脚尖最好能自由活动。

### (二)野外安全注意事项

(1) 在大自然中,受伤或生病的概率较高,为了以防万一,应随时携带常用药品及救护用品。

(2) 被石头绊倒或被树枝刮伤是经常会发生的。手脚轻微碰撞,可冷敷,再将患部抬

高，这样的紧急处置已经足够。头部受重撞后发生呕吐现象便有危险，要尽快去医院就医。

（3）发生腹痛或腹泻时，最好不要再吃任何东西，暂时保暖，躺下休息。腹泻时要多喝水补充水分，常带腹泻等备用药是十分必要的。

### （三）利用自然特征定向

（1）利用太阳定向。平常人们看到太阳由东向西移动，而影子则由西向东移动。例如，早晨 6 时，太阳从东方升起，一切物体的阴影都倒向西方；到中午 12 时，太阳位于正南，影子便指向北方；到下午 6 时，太阳到正西，影子则指向东方。

（2）利用北极星定向。首先寻找大熊星座（北斗七星），如图 1-2-6 所示，然后，沿着勺边 A、B 两星的连线，向勺口方向延伸，约为 A、B 两星间隔的五倍处，有一颗明亮的星，那就是北极星。北纬 40°以南地区，在看不到北斗七星的情况下，首先寻找由五颗星组成的呈“W”形的仙后星座，在“W”缺口中间的前方，约为整个缺口宽度的两倍处，那就是北极星。

**图 1-2-6 北斗七星与北极星**

### （四）预测天气

古人在预测天气方面已经积累了相当丰富的经验，这些经验对野外探险者来说具有一定的参考意义。观察云层：一般来说，云层越高，天气越好；在黑压压的云层下飘浮着小块乌云，通常会有阵雨；悬在高地上的云层意味着会有雨，除非云层在午时之前移开。

（1）高积云。类似于卷积云，预兆天气良好。覆盖面广、云层厚、白中有暗，多出现在暴雨之后。

（2）积雨云。低层雷云，云色乌暗，常带来强烈暴风雨、雷鸣和闪电。

（3）积云。蓬松状白云，如同团团棉絮飘浮在空中。如果积云彼此分开，预示着将是美好的晴天；如果积云发展得越来越大，越来越多，那么就可能要有暴雨降临。

（4）卷云。冰晶形成的高层纯白色缕状云，也称“马尾云”，意味着天气晴朗；如果卷云上部的天空变暗以后形成卷积云，那么将要下雨或下雪。

(5) 高层云。在阳光、月光下像灰色幕幔。如果湿空气靠近，云盘会消失，云层变厚、变暗，直至下雨。

(6) 雨层云。低层乌云，意味着 4h 之内有降雨，并将持续几个小时。

(7) 层积云。低层覆瓦状云，覆盖整个天空。云层较薄，阳光可以透射下来，可能带来雷阵雨，会在午后消失，天空变晴朗。

(8) 层云。云层最低，犹如浓雾笼罩，可以形成蒙蒙细雨；如果在夜间越来越厚，覆盖在清晨空中，通常会是晴朗的一天。

## 第三节　欣赏定向运动

定向运动作为一项新兴的运动，渐渐受到大众的喜爱，可想它的魅力是无极限的，让我们一起来体验和欣赏吧。

### 一、体验定向魅力，演绎多彩人生

定向运动的魅力是无限的，参与这项运动，将会感受到定向运动给我们带来的众多体验。

#### (一) 体验融于自然的乐趣

定向运动，通常设在森林、郊外和城市公园。告别了以往的体育场或者是各种球馆的模式，我们将运动融入大自然，暂时告别喧嚣的城市，在静谧的野外，感受大自然的一切。

#### (二) 感受追求人生目标的价值

定向运动是一项有利于智力与体能发展的运动项目，可以作为大脑的“调节剂”、体能的“补充剂”。定向越野在培养人的道德品质方面有独到的作用，可以培养参与者的团队精神以及尊重同伴、相互鼓励、奋力拼搏的精神。参与者还能接触不同的人群，积累丰富的社交知识和经验，提高社交能力。

#### (三) 追求挑战自我的精神

作为一项体育运动，定向越野对人体最突出、最直接的影响就是能强身健体，可以提高速度、耐力、柔韧、力量等身体素质。定向运动过程中要克服很多困难，是对体力、智力、耐力的考验，无形中又是对自我的一种挑战。

### 二、观赏定向比赛

#### (一) 有趣的公园定向

为推动定向运动的发展，加深人们对定向运动的了解，发展新群体，扩大定向运动在新闻媒介中的影响与传播，世界公园定向运动组织(PWT)将大多数世界循环赛设在郊外及公园，路程较短，点标设置独具匠心。从瑞典的野生动物园到威尼斯的水上迷宫；从芬兰的赌场到奥地利的音乐大厅；从捷克的城堡到奥斯陆的购物中心楼顶……整个赛事紧张激烈，聚集了全球顶级定向运动精英，将定向运动推向更高水准。观众不仅可以沿途观赏赛事，还可以亲身体验，可谓妙趣横生，乐趣无穷。

（二）神秘的夜间定向

夜间定向是定向运动的一种高难度的比赛形式。在视度不良的夜间进行，不仅增加了比赛的难度，也多了一份神秘感，对观众和选手来说，夜间定向更具吸引力和刺激性。目前夜间定向已被列入国际定联的正式比赛项目之中。

（三）艰辛的多日定向

多日定向是定向运动的一种形式，将定向运动的时间拉长，对运动员的体力和耐力提出了更高的要求，更多地考验选手们的意志力，这个过程充满艰辛，不过体验过后将获益匪浅。

（四）激烈的百米定向

百米定向的特点就是要注意节奏。比赛在开阔、易跑和通视度非常好的天然人工布置的微型场地中进行，如图 1-3-1 所示，有时还伴着音乐，观众可以观看整个比赛的过程。百米定向的目的是检验运动员在不断改变速度和方向中调控节奏、选择路线和完成路线的能力。比赛时间一般为 2～4min，一般采用 2～3 轮的淘汰赛决定运动员最后的成绩。

图 1-3-1 百米定向赛况

## 知识链接

（1）百米定向的地图比例尺是 1∶1 000、1∶750 或 1∶500。

（2）百米定向采用的是间隔出发或分组集体出发的方式。采用间隔出发时，间隔为 30～60s。精英组应分组集体出发，通过 2～3 个轮次的淘汰赛决定运动员的最终名次。分组集体出发的时间间隔由总裁判长根据临场情况控制。

## 思考题

1. 通过本章的学习，你学会使用指北针了吗？和你的同学们分享一下。

2. 请你查阅有关定向运动的资料，选择定向运动的一项内容，制订计划并实施，然后与同伴一起交流活动心得，并记录。

3. 了解和查阅有关百米定向运动的规则并和同学们分享。

# 第二章 瑜　伽

瑜伽不仅能强身健体，而且能改变人们面对生活的态度及习惯。瑜伽是一门科学，同时也是一门生活艺术，让人们在体质、精神、道德和心灵方面得到修行与锻炼，使身体内的力量得到协调和控制，从而带来完美、平和的心境。

**学习目标**

1. 了解练习瑜伽的价值，理解瑜伽的分支。
2. 掌握瑜伽的基本体式，发展身体各项素质。
3. 培养耐心、宽容心、同情心及坚实的忍耐力。

## 第一节 培养心境的瑜伽运动

### 一、了解瑜伽

#### （一）什么是瑜伽

瑜伽起源于印度，距今已有五千多年的历史文化，被人们称为“世界的瑰宝”。瑜伽不只是一套流行或时髦的健身运动，还是一个非常古老的能量知识修炼方法，集哲学、科学和艺术于一体，是一套人类控制自我精神和肉体的基础性技能。

古印度瑜伽修行者在大自然中修炼身心时，无意中发现各种动物与植物天生具有治疗、放松、睡眠或保持清醒的方法，患病时能不经任何治疗而自然痊愈。古代的瑜伽信徒发展了瑜伽体系，因为他们深信通过运动身体和调控呼吸，可以控制心智和情感，保持健康的身体。古印度瑜伽修行者通过对动物姿势的观察、模仿并亲自体验，创立出一系列有益身心的锻炼系统，也就是体位法。历经五千多年的锤炼，瑜伽带给人们的治愈法，让世世代代的人从中获益。

#### （二）瑜伽的健身价值

**1. 拥有健康的体魄**

瑜伽最有效的功能就是让练习者拥有一个健康的体魄。通过瑜伽的各种体位法、瑜伽的呼吸、瑜伽的冥想放松法、瑜伽的正确饮食原则，能有效降低身体紧张度和思想焦虑。瑜伽的许多姿势能够按摩和刺激身体内的各个部位与腺体，缓解与治疗某些慢性病，如高血压、偏头疼等，加强内分泌系统的功能，提高身体免疫力，改善亚健康及呼吸器官问题，加快身体的康复。

**2. 洗涤心灵，放松心情**

瑜伽能促进身体的放松，调动体内所有的能量，让练习者有足够的勇气和能力应对工作与生活中的压力与挑战。瑜伽通过调节身体的内脏器官，对人的心灵产生深远的影响，经过一些时日的练习之后，瑜伽会抚平消极的思想与情感的纠纷及不平衡，保持身心的灵活和放松。练习瑜伽还能促进血液循环和新陈代谢，排除体内毒素。

**3. 缓解压力**

人的内心深处经常会有来自各方面的压力。据统计，人类现在所患的疾病有80%来自压力。在压力的影响下，会出现全身肌肉紧张，呼吸不匀等现象，肾上腺也会超负荷工作，对身体损耗非常大。瑜伽的神奇作用可以归纳为一句话：外练筋骨皮肉，内养精气神脾。瑜伽的冥想和放松能缓解精神压力。

**4. 减肥塑身**

瑜伽的塑体、减肥效果最为显著。如瑜伽的“桥式”体位法具有明显的收臀作用，可以改善久坐造成的肥胖体形，其效果非常明显且持久；瑜伽特有的“腹式呼吸法”对控制食欲的脑部摄食中枢神经有良好的调节作用，能防止过度进食。每周2～3次的瑜伽练习会帮助练习者消耗多余的热量，不但能够减肥，同时还能增长肌肉力量，拉长肌肉线条，让练习者渐渐练出修长紧实、毫无赘肉的身材，这些是其他运动所无法代替的。

**5. 提升精神能量**

在有关瑜伽的文字中，经常会出现“能量”这个字眼。这种“能量”或许不能给你完美的体魄，却能保证身体内源源不断的力量支持。这种“能量”能让人一整天都心境澄明、神清气爽。它甚至会改变练习者为人处世的观念，让人变得豁达，善于换位思考。

**6. 内外兼修，快乐美丽**

练习瑜伽的目的有两个方面，一是培养身体的自然美，获得较高水平的健康状况；二是唤醒休眠在人体内的巨大能量并用其来挖掘自身独特的潜力，以获得自我实现。练习瑜伽，在塑造外在形象的同时，还能增强内心的力量。

**7. 拥有良好的社会关系**

瑜伽不受年龄、身体条件和场地的限制，练习时间也相对灵活。瑜伽的各种姿势是循序渐进、缓慢舒展的，能培养人的耐心、宽容心、同情心及坚实的忍耐力；通过瑜伽各种体位法与冥想放松的结合，可以帮助控制自己躁动的心灵和思想，从固执、急躁及其他各种不良个人习惯中挣脱出来，而改掉这些不好的习惯，就是拥有良好的人际关系和社会关系的开始。

## 二、瑜伽的分支和流派

瑜伽运动经过几千年的发展与完善，形成了多个不同的瑜伽体系，不同的瑜伽体系使用的瑜伽练习也各不相同，以下是对最实用的瑜伽体系和几种练习方法的介绍。

### （一）哈达瑜伽

哈达瑜伽是呼吸、身体洁净和各种体格锻炼方法的体系。哈达瑜伽认为人体包括两个体系，一为精神体系，二为肌体体系。它是所有瑜伽体系中最实用，也是最为现代人所熟知的。它通过身体姿势、呼吸和放松等一系列的练习，来达到调节神经系统、各种腺体和内脏的作用。

### （二）瑜伽冥想

瑜伽冥想简单的理解就是一种教人们克服物质欲念的方法。瑜伽冥想的目的在于获得内心和平与安宁，从而达到无限的精神之爱、欢乐、幸福和智慧。瑜伽冥想能对人的身体产生非常积极的影响。从某种意义上来说，由于人的免疫系统和人的心态紧密相连，因此，瑜伽冥想有利于预防身体疾病。

### （三）瑜伽体位法

瑜伽苦修者们仔细地观察形形色色的动物，经过长久的观察后，他们体悟了动物的本能，以及许多用来使它们身体保持健康、富有弹性和敏捷的方法。瑜伽里的很多体式都是模仿动植物的，这些独特姿势成了瑜伽体位法。

### （四）瑜伽呼吸法

瑜伽特别强调呼吸的重要性，根据瑜伽的观念，寿命长短与呼吸的频率有关。这个观念在爬虫类与哺乳类动物身上可以体现出来：乌龟的呼吸很慢，所以寿命长；老鼠呼吸急促，所以寿命短。许多瑜伽修行者相信，借由努力控制呼吸，就可以成为命运的主宰。

## 知识链接

**双人瑜伽**

双人瑜伽顾名思义就是由两个人共同参与瑜伽动作的练习，如图 2-1-1 所示，相互之间通过呼吸和动作的协调，互借对方的能量，同心协力、默契地完成美妙的动作。打破传统瑜伽的“自我感觉”，双人瑜伽注重的是与对方分享与交流的练习过程。双人瑜伽可谓最适合朋友和情侣练习的双人运动了。从本质上说，它和单人瑜伽是一样的，只是更强调两个人共同协作，完成一些单人无法进行或比较难实现的瑜伽动作。虽然每个练习者的身材、柔韧度不同，但彼此间的信任是完成双人瑜伽最重要的条件。双人瑜伽不仅能唤醒自我，更能让我们学会和别人一起分享生活。

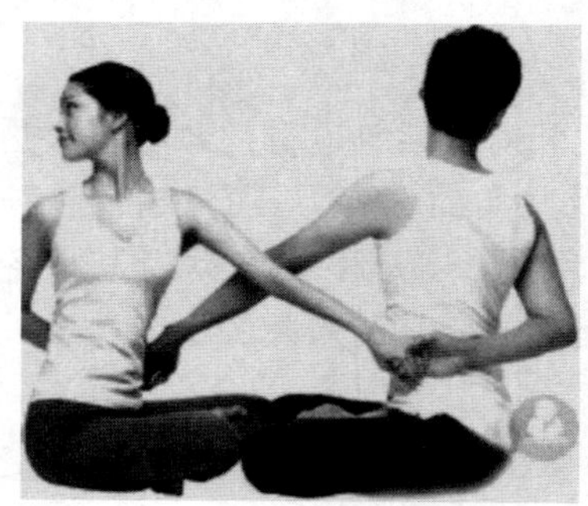

图 2-1-1 双人瑜伽

# 第二节 瑜伽是这样练成的

和其他的健身项目不同，瑜伽要求每次练习要保证一定的时间。事实上，对一个真正的瑜伽爱好者而言，练瑜伽，不是为了追求时髦、减肥、治疗失眠等单纯的目的，而像每天吃饭、喝水一样，是生活的需要。瑜伽为人们提供了一种可以控制自己内心的方法，让自己驾驭自己。瑜伽是一种生活方式，是一种结合身、心、灵的教导体系。

瑜伽练习者在享受瑜伽带来的身心健康的同时，必须要清楚瑜伽动作的练习步骤及在练习中所要注意的事项，动作程度也要因人而异，这样才能真正体会到瑜伽带给我们的快乐。

## 一、站式

站式富有动感，能激发能量，是其他姿势的基础。通过站式，练习者可以逐步熟悉骨骼和肌肉的各个部位，并学会利用意识使这些部位动起来，变得更具生动性。站式能够锻炼体力、耐力和意志力。

### （一）山式

山式教你如何正确站立。它帮助你注意自己的身姿，认识腿脚使人直立的原理。所有站式都以山式开始，也以山式结束。

（1）直立，双脚并拢，大脚趾、内踝关节、内脚后跟相互接触，收缩上提膝盖，绷紧大腿肌肉，使双腿完全伸展，肩胛骨收拢，如图 2-2-1 所示。

（2）双臂垂于体侧，掌心朝内，紧贴大腿。颈部伸直，面部肌肉放松，直视前方如图 2-2-2 所示，保持 30～60s。

图 2-2-1

图 2-2-2

**注意**：这个姿势相对简单，但十分重要。通过练习，可以培养练习者对身体的意识。双脚紧压地面，脊柱向上伸展，确保身体前后左右均匀舒展，习惯性地向一侧倾斜容易导致身体拉伤。

（二）树式

树式可以调整并舒展腿部肌肉，同时锻炼平衡感。坚持做树式平衡练习还有助于提高注意力，增强肌肉力量。

（1）山式站立，双脚并拢，眼睛目视前方，如图 2-2-3 所示。

（2）右腿向外侧弯曲。用右手握住右脚踝，将右脚掌贴在左腿大腿内侧，并使脚趾朝下。左腿保持直立，右膝盖与左膝盖处于同一平面，左臂侧平举，维持平衡，如图 2-2-4 所示。

（3）吸气，手臂举过头顶，掌心相对。尽量伸展手臂，身体向上伸展，如图 2-2-5 所示。保持 30～60s。呼气，放下双臂和右腿，反方向重复练习。

图 2-2-3

图 2-2-4

图 2-2-5

初级姿势：为了保持平衡，可以靠墙练习，也可用带子提拉脚。

**注意**：为保持平衡，可将视线集中于不远处的某一物体。

（三）伸展三角式

伸展三角式有助于加强腿部肌肉力量，提高髋部的柔韧性，还能缓解背部疼痛。练习时先从左侧开始，再换右侧重复练习。

（1）山式站立，如图 2-2-6 所示。

（2）深吸气，双脚外开两个肩宽，双臂侧平举，掌心向下，保持双脚平行，双腿笔直伸展，膝部向上收紧，如图 2-2-7 所示。

（3）右脚向外打开 90°，左脚略微内收，保持右膝上提，身体向上伸展，进一步伸展双臂，如图 2-2-8 所示。

（4）呼气，身体朝右侧弯曲，右手握住右脚踝，左手臂上举延伸。确保双脚处于同一平面，双腿伸直，双膝上提收紧，如图 2-2-9 所示。保持 30～40s，吸气，起身。反方向重复练习。两边动作完成之后，回到垫子中央，恢复山式站立。

图 2-2-6

图 2-2-7

图 2-2-8

图 2-2-9

**注意**：前脚脚趾向前伸展，脚后跟向后伸展，舒展足底。

（四）半月式

半月式可以增强腿部肌肉力量，锻炼平衡感。经常练习能提高注意力和身体的协调能力。由于该姿势需要脊柱的大幅度弯曲，因此能纠正身姿，保持背部的弹性与活力。

（1）山式站立，如图 2-2-10 所示。

（2）身体侧弯，将右手置于右小腿外侧。左手臂上伸保持平衡，如图 2-2-11 所示。

（3）呼气，将左腿缓缓抬起，右腿慢慢伸直，与地面保持平行。保持动作稳固。向上拉伸，并垂直于地面。如对自己的平衡感有信心，可以将左手臂上举，两臂成一条直线。慢慢扭转头部，仰视右手，打开胸部，扭转腰部以提升肋骨，如图 2-2-12 所示。保持 20～30s，正常呼吸，然后起身，反方向重复练习。

图 2-2-10

图 2-2-11

图 2-2-12

**注意**：保持髋部与地面垂直，如果颈部比较僵硬，可以直视前方，不必仰头。

（五）旋转三角式

这个姿势可以增加下背部的血流量，提高脊柱的柔韧性，还能增强腿部和髋部的力量，激活腹腔内脏器。

（1）山式站立，如图 2-2-13 所示。

（2）右脚外转 90°，左脚内转 45°，呼气，将上半身转向右侧，两臂侧平举，如图 2-2-14 所示。

图 2-2-13

图 2-2-14

（3）上半身向下弯曲，将左臂伸过右腿，直至左手手指接触右脚外侧，右手放于髋部，如图 2-2-15 所示。

（4）身体转向右侧，右臂尽量上举，并与左臂成一条直线。伸展脊柱，打开胸部。保持头部与尾骨成一条直线，如图 2-2-16 所示。保持 30～40s。吸气，起身，身体转回最初位置。在另一侧重复练习，然后恢复山式站立。

图 2-2-15

图 2-2-16

**注意**：保持头部与尾骨成一条直线，仰视，使脊柱平直。

（六）幻椅式

幻椅式看起来像坐在一把虚拟的椅子上，能够提高双肩和脚踝的柔韧性，并锻炼腿部肌肉；还可以调整腹腔内脏器官和脊柱，使胸腔充分扩张。

（1）山式站立，双脚并拢，挺胸，肩部放松下垂，如图 2-2-17 所示。

（2）吸气，双臂上举，掌心相对。双肘伸直，手掌相对，指尖朝上，如图 2-2-18 所示。

（3）踝关节尽量弯曲，下压脚后跟，膝部和髋部保持弯曲，双臂伸直上举。胸部尽量靠后。如果肘部平直，就将双掌合拢，如图 2-2-19 所示。

图 2-2-17

图 2-2-18

图 2-2-19

**注意**：大腿下压，身体和髋部要上提；上半身有前倾的趋势，但要尽量使之后靠，接近垂直。

## 二、坐式

所有坐式都能提高髋部、膝部和踝部的柔韧性，缓解膈肌和喉部的压力，使呼吸平稳顺畅，保持脊柱坚固挺拔，并能镇静头脑，舒展心肌。

### （一）英雄式

英雄式可以伸展足尖、踝关节和膝关节，缓解腿部肌肉痉挛，对消化不良也有很好的疗效。该姿势还能纠正平足，消除腿部肌肉不适。

（1）跪在瑜伽垫上，双手叉腰，双膝并拢，双脚分开，与臀同宽，脚趾朝向后方，如图 2-2-20 所示。

（2）坐在双脚之间，用手将两小腿分开。如果不能舒适地坐下，可以用泡沫砖或卷成筒状的毛毯辅助坐直，如图 2-2-21 所示。

（3）把手掌贴于足底（指尖与足尖同向），身体向上伸展。肩胛骨扣入身体，挺胸，舒展脊柱，如图 2-2-22 所示。保持 1～2min，结束姿势，伸直双腿。

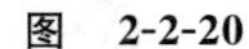

**图 2-2-20**

**图 2-2-21**

**图 2-2-22**

### （二）英雄伸臂式

英雄伸臂式可在英雄式或简单交叉腿式状态下完成，能够起到活动肩关节，锻炼胸部肌肉的作用。腹腔内脏器被向上拉伸，胸腔得到提升和扩张。

（1）完成英雄式，双手十指交叉，使右手食指位于左手之上。掌心向前，双臂前伸，双肘伸直，如图 2-2-23 所示。

（2）双臂上举，双肘伸直，手臂与耳朵保持平行，掌心向上。下背部不能呈拱形（避免身体和手臂伸展过度），如图 2-2-24 所示。保持 30～60s，放下手臂，改变手指交叉方向（比如左手食指位于右手之上），重复练习。

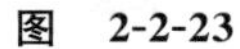
图　2-2-23

图　2-2-24

（三）英雄前屈式

英雄前屈式可以安抚并镇静头脑，让身体得到充分休息。还可以缓解疲劳和头痛，锻炼、调节脊柱，减轻背部、颈部疼痛。

跪坐在瑜伽垫上，大脚趾靠拢，双膝分开与臀同宽。坐在脚后跟上，如果臀部碰不到脚后跟，可在脚后跟上垫一块卷好的毛毯。坐好之后，身体前伸，直至额头触及地面，双臂和上半身向前伸展，手掌触地，双膝不宜分开太大，如图 2-2-25 所示。

图　2-2-25

（四）牛头式

由于脊柱充分向上伸展，肩关节变得自由、灵活，因此这个姿势可以扩张胸腔、提高肩关节的柔韧性，还能提高手腕的灵活性。

（1）完成简单交叉腿式或者英雄式，右臂侧平举，如图 2-2-26 所示。

（2）右臂掌心朝后，如图 2-2-27 所示。

（3）右臂向身体后侧弯曲，前臂和手背贴于后背，如图 2-2-28 所示。

（4）左臂上举，掌心朝前，如图 2-2-29 所示。

（5）左臂屈臂，将右手向上提拉，两手相扣。随后，右肩后转，左肘上提。身体向上伸展，直视前方，如图 2-2-30 所示，保持 30～60s。另一侧重复练习。

图 2-2-26

图 2-2-27

图 2-2-28

图 2-2-29

图 2-2-30

（五）坐广角式

坐广角式可以拉伸腘绳肌，促进骨盆区的血液流动，还能锻炼支撑膀胱和子宫的肌肉，缓解髋部的僵硬状态，缓解坐骨神经痛。

（1）直角坐在垫上，双腿并拢，不使用任何支撑物，如图 2-2-31 所示。

（2）双腿向两侧伸开，大腿、膝盖和脚尖朝上，手置于体前支撑，如图 2-2-32 所示，技术成熟后，手可放于臀部后方，按压地面，脊柱向上伸展。

（3）保持脊柱伸直，用双手的食指和中指勾住双脚大脚趾，或者将带子绕在脚上，双手抓住带子，向中部牵拉。舒展脊柱，保持后背成凹形，打开胸部，抬头，目视前方，如图 2-2-33 所示。

(4) 呼气，身体前屈，脊柱保持伸展，沿着地面伸展身体，胸部尽可能靠近地面，正常呼吸，如图 2-2-34 所示。保持 30～60s，恢复坐立。

图　2-2-31

图　2-2-32

图　2-2-33

图　2-2-34

**注意**：双踝不能外转，保持脚趾朝上；双脚脚后跟尽量向外拉伸，双腿按压地面，膝盖朝上。

(六) 船式

船式能够促进腹部的血液循环，从而调节腹部肌肉，还可以促进消化，缓解腰酸背痛，锻炼脊柱肌肉并刺激甲状腺。

(1) 直角坐在垫上，完成柱式，双手放在臀部两侧的地面上，如图 2-2-35 所示。

(2) 身体微微后靠，双膝弯曲，抬腿，两手微微撑地保持平衡，如图 2-2-36 所示。

(3) 双腿伸直(膝盖和大腿上提)，依靠坐骨保持平衡，双腿上抬与地面成 60°角，双脚高过头部，两臂前伸，与地面平行，掌心相对，舒展脊柱，防止下背部弯曲并保持胸部打开，直视前方，确保颈部没有绷紧，保持正常呼吸，如图 2-2-37 所示，保持 30～60s，呼气，经由图 2-2-38 恢复柱式。

图 2-2-35

图 2-2-36

图 2-2-37

图 2-2-38

**注意**：依靠腹部和腿部肌肉保持平衡，下背部不能弯曲，保持挺直，双腿充分伸直。

### （七）单腿后弯前屈式

单腿后弯前屈式可以提高膝关节和踝关节的柔韧性，还有助于调节腹部肌肉和腹腔内脏器。

（1）坐在垫子上。右腿向后弯曲，使右脚位于右臀旁边，吸气，双臂上举，掌心相对，上臂紧贴双耳。脊柱向上伸展，如图 2-2-39 所示。

（2）呼气，身体前屈，双手抓住左脚，如图 2-2-40 所示。

（3）吸气，脊柱向上伸展，下背部弯曲成凹形，抬头。呼气，身体前屈，拉伸脊柱，头部伸向左腿，双肘向外部打开，如图 2-2-41 所示。保持 1～2min。吸气，放开左脚，抬头，起身，另一侧重复练习。

图 2-2-39

图 2-2-40

图 2-2-41

**注意**：

（1）试着用双手绕住左脚，如果刚开始时做不到，可以使用带子辅助，或只抓住脚的两侧，但不要抓握脚趾。

（2）臀部向下按压地面，抓住左脚（或带子），使脊柱舒展，胸部打开。

（3）肩膀与耳朵尽量保持距离，颈部放松。

### （八）花环式

练习这个姿势时，双臂从颈部垂下，酷似花环。通过练习，可以缓解下背部的疼痛，提高膝关节和腕关节的柔韧性，还能激活和滋养腹腔内脏器。

（1）直角坐在瑜伽垫上，双腿向前伸直，如图 2-2-42 所示。

（2）屈膝，呈蹲坐状，如图 2-2-43 所示。

图 2-2-42

图 2-2-43

(3) 双脚并拢，将垫在臀部下面的支撑物向前拉到脚后跟下方支撑脚后跟。双膝打开，身体从双腿之间向前伸展，如图 2-2-44 所示。

(4) 手掌按紧地面，送肩，两臂屈肘向前，脊柱向头部拉伸，抬头，双臂成环，抱住双腿，如图 2-2-45 所示。

图 2-2-44

图 2-2-45

**注意**：如果脚后跟离开支撑物，可再添加一块支撑物。脚后跟必须紧靠支撑物。大腿内侧轻轻夹住身体两侧。舒展脊柱拉伸两侧肋骨，低头时可将后背拱起。

## 三、转体式

所有侧向的伸展姿势(转体)都能提高脊柱和肩部的柔韧性，激活并滋养盆腔和腹腔内脏器，缓解背部、髋部和腹股沟的病痛。由于脊柱变得柔软，脊神经的血液循环将得到改善，体能水平也会自然提高。进行转体练习时，先要伸展脊柱，然后扭转腹部、胸部，最后转动头部。将肩胛骨扣入体内将有助于转体的完成。

### （一）交叉腿转体式

这是简单交叉腿式转体姿势，利用呼吸完成提升和扭转动作，双肩放松，与耳朵尽量保持距离，并转动双肩以打开胸部。

(1) 交叉腿坐好，手指接触身后的地面，如图 2-2-46 所示。

(2) 左手放在右膝外侧。吸气，右手指按压地面，脊柱向上伸展，如图 2-2-47 所示。

(3) 呼气，左手按压右膝，身体转向右侧，眼睛从右肩上方看过去，如图 2-2-48 所示，保持 30～40s，然后放松，改变双腿的交叉方向，在另一侧重复练习。

### （二）英雄转体式

英雄转体式可以锻炼腹部肌肉，促进消化，缓解腰酸背痛，还能提高臀部和腘绳肌的柔韧性。

(1) 完成英雄式，脚心朝上，手掌贴于足底，如图 2-2-49 所示。

（2）右手指撑于右臀后地面上，左手放在右膝外侧。吸气，右手指按压地面，身体向上伸展。呼气，左手按压右膝，身体右转。每次呼气时，都要使腹部、腰部、胸部和肩部进一步向右扭转，眼睛从右肩上方看过去，如图 2-2-50 所示。保持 30～60s，然后放松，在另一侧重复练习。

图 2-2-46

图 2-2-47

图 2-2-48

图 2-2-49

图 2-2-50

**注意**：不要耸肩，试着在每次呼气后，进一步扭转身体，利用呼吸进行伸展和扭转。

（三）坐转体式

充分的扭转可以提高体能水平，调节并按摩肝脏、脾脏、胰腺、肾脏和大肠，改善这些腹腔内脏器官的功能。

（1）直角坐在垫上，双腿向前伸直，两臂置于体侧，脊柱向上提升，如图 2-2-51 所示。

（2）右腿屈膝，膝关节朝上，足底贴地。与右臀呈一条直线。身体右转，右手支撑右臀后方的地面或支撑物。左臂屈肘，肘关节靠在右膝外侧，如图 2-2-52 所示。

（3）试着将左臂腋窝靠近右膝。吸气，右手指按压地面，脊柱上提。呼气，左臂与右膝互相紧压，使身体进一步右转。眼睛从右肩上方看过去。左侧胸腔、左臂腋窝和左臀向右扭转，增大脊柱转动幅度。双肩向下，肩胛骨扣入体内，使胸部挺起并打开，如图 2-2-53 所示。保持 30～60s，放松，另一侧重复练习。

图 2-2-51

图 2-2-52

图 2-2-53

**注意**：利用呼吸进行伸展和扭转，屈膝腿的膝关节保持向上，屈肘手臂的肘关节靠在膝盖外侧，不要偏离姿势规定的位置。

（四）圣哲玛里琪三式

定期练习这个姿势，会使剧烈的背痛、腰痛及臀部疼痛得到改善。肝脏和脾脏得到收缩，从而强健肝和脾，缓解不适。

（1）直角坐在瑜伽垫上，双腿伸直向前，如图 2-2-54 所示。

（2）右腿屈膝，把右脚放在左大腿根部，右脚脚趾伸展。右腿成半莲花式，如图 2-2-55 所示。

图 2-2-54

图 2-2-55

（3）左腿屈膝，把左脚脚后跟和右脚脚底平放在地面上。右腿胫骨与地面垂直，使左大腿和左小腿相互碰到，右脚后跟碰到会阴，如图 2-2-56 所示。

（4）呼气，脊椎向左扭转 90°，使右腋窝抵住右膝，如图 2-2-57 所示。

图 2-2-56

图 2-2-57

(5) 把右肩越过右膝,屈右肘,把右手放在腰后。右膝紧紧固定在右腋窝下。保持一次呼吸,深呼气,在背后扭转左臂,左手握住右手,胸部打开,脊椎向上伸展,如图 2-2-58 所示。保持这个姿势 30s,呼吸会变得急促,松开双手,伸直双腿,在另一边重复这个姿势,最后放松。

图 2-2-58

## 四、倒立式

所有倒立姿势都能使整个机体系统充满活力。由于身体倒置,体内脏器变得能量充足,大量血液流向头部,大脑的养分供给更为充分。倒立时,腿部不再承受任何压力,因此能使紧张疲惫的双腿得到放松。但须注意,女性生理期不要练习任何倒立姿势,否则会干扰这段时间内正常的血液流动方向。

### (一) 肩立式

肩立式被誉为“姿势王后”或“姿势之母”,能够刺激甲状腺,清除体内霉素,对哮喘、鼻塞、鼻窦炎等呼吸道疾病有一定疗效。

(1) 躺在垫子上,手臂朝双脚方向伸展,双肩与头部尽量保持距离,如图 2-2-59 所示。

(2) 双腿弯曲抬起,手指按压地面,双膝朝向头部,如图 2-2-60 所示。

(3) 髋部和身体上提,同时用双手支撑背部。双腿向上伸直,双手朝肩胛骨方向下移,使胸部上提,靠近下巴,整个身体向上伸直,直视胸部,如图 2-2-61 所示。保持 2~5min。

图 2-2-59

图 2-2-60

图 2-2-61

**注意**：双腿向上伸直，可以把脚趾靠在墙上，以保持平衡。

（二）犁式

犁式可以放松大脑。感冒时练习效果更佳，因为该姿势能够改善甲状腺和甲状旁腺的功能。

（1）先完成肩立式，如图 2-2-62 所示。

（2）屈髋，双腿继续向下，伸过头部，双脚触地，双手支撑背部，使后背上提，胸部挺起并打开。双腿伸直，朝头部方向拉伸，如图 2-2-63 所示。保持 2～5min，双腿收回，放松。

图 2-2-62

图 2-2-63

（三）桥式

桥式可以伸展胸部、颈部和脊椎，使大脑平静，帮助减轻压力和轻微忧郁，刺激腹部器官、肺和甲状腺，恢复腿部的活力，提高消化能力，减轻焦虑、疲劳、背痛、头痛和失眠，对哮喘、高血压、骨质疏松症有辅助治疗作用。

（1）仰卧，如果有需要可将折叠的毯子垫在肩膀下以保护颈部。屈膝，双脚靠近臀部踩在地上，保持双脚及两膝平行、与胯部同宽；手臂伸直，置于靠近身体两侧的地面，掌心贴于地面，如图 2-2-64 所示。

图 2-2-64

(2) 呼气，双脚及手臂用力压地，顶髋，将臀部抬离地面，双臂于体侧伸直并贴紧地面，尽可能将两肩膀向内相互靠近。抬高臀部使之与地面平行，然后将身体重心向肩膀方向移动。尽可能将胸骨推近下颌，如图 2-2-65 所示。保持此姿势 30～60s，呼气，慢慢放下身体至仰卧。

图　2-2-65

## 五、仰卧与俯卧式

### (一) 鱼式

瑜伽传统经典上称鱼式可以摧毁一切疾病，伸展深处的腰肌和肋骨之间的肌肉。在此姿势下，背部区域得到完全的伸展，胸部也得到很好的扩展，呼吸更加完全；由于颈部得到了伸展，所以对甲状腺也有益处；改善体态，使骨盆关节变得更有弹性。这个姿势还能缓解肿胀发炎和流血的痔疮。

(1) 仰卧。两腿伸直并拢平放在地上，如图 2-2-66 所示。

(2) 将两手臂伸直贴近身体两侧，然后将下巴靠近锁骨并使后脑勺离开地面。此时用两肘撑地使背部离地，然后抬高下巴让头部后仰并让头顶靠地。保持两手及肘关节靠近身体并紧贴地面。上半身呈反弓形。头顶靠地，脸部朝后。挺起胸部，两肩向两侧打开，肩胛骨夹紧，如图 2-2-67 所示。保持此姿势用鼻子缓慢地深呼吸，停留 15～30s。然后慢慢放平身体，回到最初的仰卧姿势。弯曲两膝抬至胸前并用手臂抱紧使脊椎得以恢复。

图　2-2-66

图　2-2-67

**注意：**下背部不要拱起，臂部向足部方向伸展，以拉长后背。练习过程中要改变交叉方向。

### (二) 上犬式

上犬式对于腰部疼痛、坐骨神经痛及椎间盘突出或脱出者有很好的效果。能够强健脊椎、手臂、手腕，伸展胸部和肺部、肩膀及腹部，有助于缓解轻度忧郁和疲劳，对哮喘也有辅助治疗作用。

（1）俯卧。双腿向后伸展，脚趾指向后。弯曲肘关节，双手放在胸侧的地板上，手指指向前方。前臂与地板地面相对垂直，如图 2-2-68 所示。

（2）吸气，双手平稳地用力推地，略微向后推，然后再一次吸气时完全伸展手臂，与此同时抬起上身并收紧双腿的肌肉，两腿伸直并使两膝离地。保持大腿略微向内侧收；肘部臂弯面转向前方。挤压尾椎骨向前，使耻骨向肚脐靠近。夹紧臀部，但不要使臀部僵硬。腿部绷直，稳固两肩，肩胛骨内收。直视前方或者略微将头顶向后，如图 2-2-69 所示，不要挤压后颈部或耸肩，否则会让喉部受到压迫。保持此姿势 15～30s，自然呼吸。

图 2-2-68

图 2-2-69

（三）下犬式

下犬式具有消除身体疲劳，恢复活力，美化肩部，拉长大腿等诸多效果。

（1）俯卧，双手臂屈肘，掌心贴于胸部两侧的地面上，如图 2-2-70 所示。

（2）双脚打开，和臀部同宽，两臂伸直跪撑，脚趾压地。吸气，保持双手双脚的对称位置，如图 2-2-71 所示。

图 2-2-70

图 2-2-71

（3）呼气，膝关节和大腿收紧后离开地面，骨盆和躯干抬起，提升臀部，伸直胳膊和腿，使身体呈倒 V 形，身体的重量应该集中在手和脚之间，五指分开，掌心贴于地板，保持腹部和腿部拉直，低头面向地板，放松胳膊和颈部，抬起尾椎骨，使腹部靠近脊椎，收紧四头肌，拉直膝盖，如图 2-2-72 所示。保持 30～60s，然后放松。

**注意**：血压异常或患有眩晕症的人，在练习这个动作时要小心，一旦觉得不舒服，先跪下并将臀部坐在脚后跟上，同时，额头顶地休息，然后再慢慢蜷起身体。

图　2-2-72

（四）蝗虫式

蝗虫式是模仿蝗虫伏在地上时的姿势，对于治疗各种腹部疾病有很好的疗效。它可以促进肾脏和整个腹部运动，同样可以治疗多种内脏和肠胃疾病，还可以提高脊柱柔韧性，对眼睛、面部、肺部、胸部、颈部、肩部和上肢都有强健和滋补的作用。

（1）俯卧，身体平趴在地上，两手臂伸直置于体侧，掌心贴于地面，如图 2-2-73 所示。

（2）鼻子缓慢吸气，然后屏息。慢慢抬头，两臂两手绷紧，两腿快速向上抬起，抬到最高处，注意两腿保持并拢与笔直状态，如图 2-2-74 所示。保持这个姿势 5～6s，开始慢慢呼气，腿和头部同时恢复到预备姿势。休息 5～10s，重复动作。每日练习不要超过 4 次。

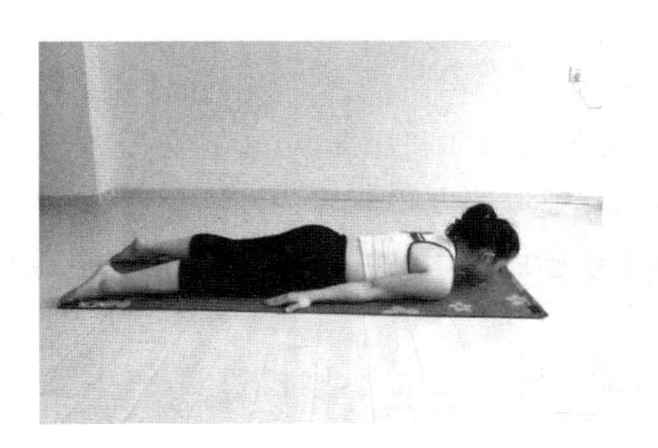

图　2-2-73

图　2-2-74

**注意**：身体提起时，必须收紧臀部和大腿肌肉，否则下背部容易受伤。

（五）骆驼式

骆驼式可以伸展和强壮脊柱，消除呼吸道的微恙，促进血液循环，特别是使脊柱神经得到额外血液的滋养而受益；伸展腹部器官，消除便秘，刺激脊神经，对所有的内脏器官都有益处；对于纠正驼背和两肩下垂的不良体态效果极佳。

（1）开始时，跪在地上，两腿略分开，双手叉腰，足底向上，脚趾指向后方，如图 2-2-75 所示。

（2）吸气，轻轻将脊柱向后弯曲，伸展大腿的肌肉。然后，在呼气的同时，双手放在脚上。保持大腿垂直于地面，头向后仰，双手压住两脚底或脚踝，借此轻轻将脊柱向大腿方向推，如图 2-2-76 所示。

（3）一边保持此式，一边把颈部向后方伸展，收缩臀部的肌肉，伸展下脊柱区域，如图 2-2-77 所示。保持 30s，然后放松，双手放回原位。

图 2-2-75

图 2-2-76

图 2-2-77

**注意**：头部放松，颈部不要过分向后伸展。臀部收紧前推，大腿尽量垂直地面。背部下段较灵活，可尽力提胸，使上背部弯拱。

（六）猫式

猫式像猫在伸腰、弯腰，因此而得名。它能充分伸展背部和肩部，改善血液循环，消除酸痛和疲劳；脊椎骨得到适当的伸展，增加灵活性；促进呼吸与甲状腺的新陈代谢；矫正背部，使脊柱恢复弹性；丰满胸部，消除腹部与腰围多余脂肪；对女性月经不调、痛经、乳腺增生等有较好的疗效。

（1）跪在地上，两膝打开与臀部同宽，小腿及脚背紧贴在地上，脚板朝上，双手叉腰，如图 2-2-78 所示。

（2）吸气，俯前直臂支撑，挺直腰背，注意大腿与小腿成直角，躯干与地面平行。手掌按在地上，手臂垂直支撑，与肩同宽，指尖指向前方。同时慢慢地将臀部翘高，塌腰向下微曲，形成弧线。自视前上方，保持颈椎与脊椎在一条直线上，不要过分抬高头部，如图 2-2-79 所示。

（3）呼气，同时慢慢地把背部向上拱起，含胸低头，目视大腿位置，直至感到背部有伸展的感觉，如图 2-2-80 所示。配合呼吸，重复以上动作 6～10 次。

**注意**：动作不要太快，不要猛力前后摆动、过分伸展颈部，不要猛力向后拱腰部。

图　2-2-78

图　2-2-79

图　2-2-80

（七）弓式

弓式像弯曲的弓，故而称为弓式。可以紧缩大腿肌肉，美化臀部线条，预防臀部下垂，强化大腿力量，消除背部赘肉，刺激内分泌系统所有分泌腺。由于这个姿势对胰脏能产生有益影响，增强胰脏活力，使其始终处于正常状态，因此，胰腺功能得以恢复，并开始正常地分泌胰岛素。这个姿势对于肾上腺、甲状旁腺、脑下垂体及性腺都有很好的影响，能促进分泌腺细胞的活动，并正常分泌激素。

（1）俯卧，全身平趴在地板上，腹部贴地，双臂在身体两侧伸直，掌心贴于地板，正常呼吸，如图 2-2-81 所示。

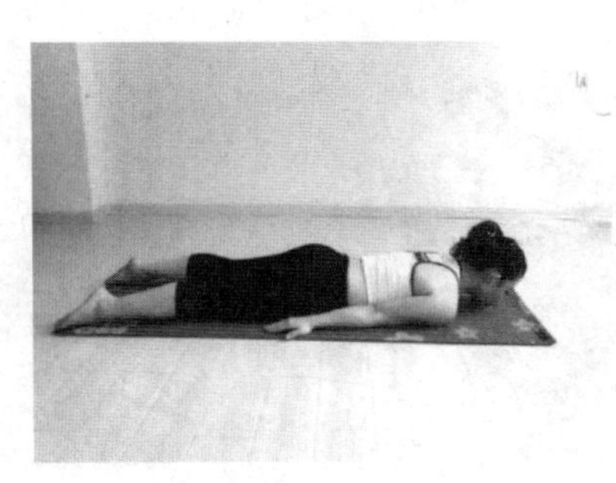

图　2-2-81

(2) 屈膝，脚后跟接近臀部。两手分别抓住同侧脚踝。如果两手难以碰到脚踝，可改为抓住脚背或脚趾。缓慢而深长地吸气，屏住呼吸，如图 2-2-82 所示。

(3) 吸气结束时，头部抬起并伸直。不需要停留很久，然后向前向上拉动双腿。拉动时不要过急，到力所能及的最大限度即可。胸部、颈部和头部向上保持抬起，如图 2-2-83 所示。目视上方，膝盖可以分开，技术成熟后，双踝并拢，屏住呼吸保持上述姿势 10s。呼气，与此同时，头部和胸部自然放松。

图 2-2-82

图 2-2-83

## 学练提示

### 练习瑜伽的三大装备

装备一，瑜伽服。服装是最基本的装备，瑜伽的动作比较柔软，而且幅度比较大，所以要求服装不要太紧身。瑜伽服基本都是上紧下松的，上衣相对紧，裤子要宽松，以方便把动作做到位。

装备二，瑜伽垫，如图 2-2-84 所示。瑜伽垫用专业的材料制作而成，不是其他垫子能够取代的。瑜伽垫的选择要具有针对性，一般初学者可选用厚一点的垫子，有一定基础的可以选用薄一些的。很多人觉得在家里自己练习瑜伽，不需要垫子，有的是在床上做的，有的直接在地板上做，其实这都是不正确的，因为地板和床的软硬度都不适合瑜伽运动，如果处理不当，就会引起损伤。

装备三，瑜伽砖(图 2-2-85)、伸展带(图 2-2-86)和健身球(图 2-2-87)。对于一些初学者来说，很多动作都做不到位，这时就可以选择一些辅助工具。瑜伽砖就是其中一种，在做伸展动作双手够不到地时起到辅助作用，同时也能保持身体平稳。

图 2-2-84

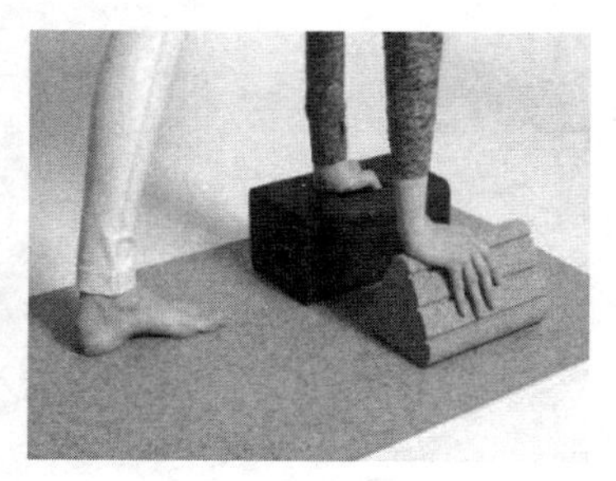

图 2-2-85

图 2-2-86

图 2-2-87

## 六、瑜伽的呼吸和冥想

### （一）瑜伽的呼吸

呼吸是生命的特征之一。呼吸节律的变化，表明我们的情绪、行为和健康也在发生变化。瑜伽的呼吸法训练，能让人掌握正确、科学的深呼吸方法，即瑜伽的完全呼吸。它能使身体变得稳定、放松，能更好地舒展筋骨，并且能最大限度地将氧气吸纳到肺部，温和地按摩胸部、腹部内的器官，增强其功能，使身体和心灵得到充分的放松，对身体的健康非常有益。

因此，瑜伽练习的精髓是用呼吸来控制身体的放松、稳定、平衡，以达到身心合一的境界，从而唤起我们生命内在的智慧和力量。正确的瑜伽练习必须从呼吸的练习开始，而不是先从体位法开始。下面就来介绍几种瑜伽的呼吸方式。

#### 1. 胸式呼吸

胸式呼吸方式起伏的部位主要在胸部，情绪不稳定时做几次这样的呼吸，可以使心态恢复平衡，如图 2-2-88 所示。

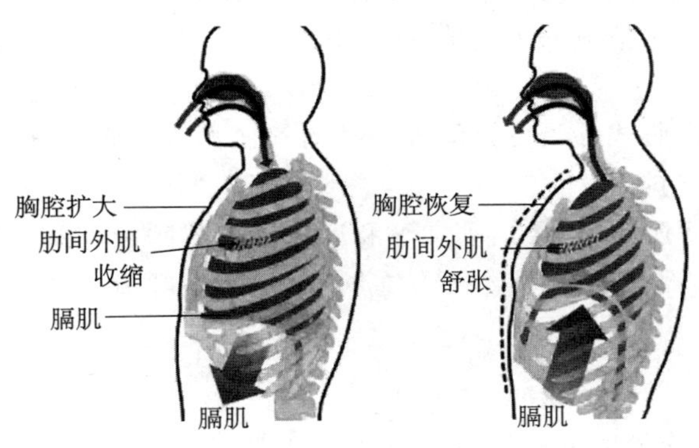


图 2-2-88

姿势：以自己最舒服的姿势坐定，腰背部伸直，脊柱向上延展。双手轻轻放在胸部两旁的肋骨上，以帮助自己感受呼吸时胸部的隆起和收缩。

步骤：深深吸气，胸腔打开，肩膀向后打开，感觉胸部的隆起（肋骨向外，向上扩张），然后缓缓呼气，向内、向下放松肋骨。这样重复几次，熟练后可以放下手来练习。

健身功效：其实每个人平时的呼吸都是胸式呼吸，只是比较浅短。经常练习这样深长的胸式呼吸，有助于把体内多余的废气、淤气排出体外。

如果感觉提不起精神，或是工作、读书时无法集中精神，不妨采用这种可以提高交感神经运作的胸式呼吸法，来调节松散的状态。

**2. 腹式呼吸**

腹式呼吸又称横膈呼吸，如图 2-2-89 所示。横膈是把肺和腹腔器官分开的强有力的膜状肌，吸气时横膈运动越向下，吸入肺脏的空气就越多。

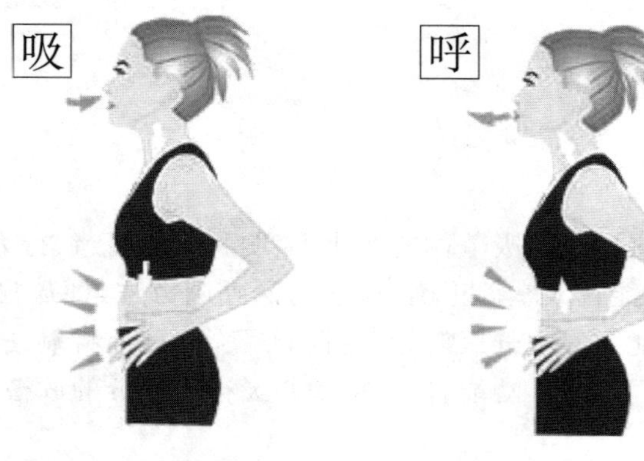
吸
呼
鼻子吸气，横膈膜下降
腹部会凸出
嘴巴噘起，缓慢不间
断地吐气，小腹会内缩

**图 2-2-89 腹式呼吸示意图**

姿势：以自我感觉最舒服的坐姿坐定（仰卧亦可），腰背挺直，脊柱向上拔高。一手放在肚脐下方小腹的位置，来帮助感受呼吸时腹部的收缩。

步骤：先随着呼气把腹部收紧，然后深深吸气，手随腹部隆起而上升，胸部不要扩张。缓缓呼气，腹部向脊柱方向用力收紧，最大量地驱出肺部空气。

动作要领：将腹部想象成一个气球，吸气是在向气球里吹气，呼气是把气球里的气放出来。

健身功效：经常做腹式呼吸可以促进全身的气血循环。腹式呼吸可通过按摩腹部内脏，帮助把肺底的废气排出。

说明：练习腹式呼吸时，不要活动胸廓和肩膀。腹式呼吸和胸式呼吸的不同点在于，胸式呼吸主要针对心理，它的起伏主要是在胸部；而腹式呼吸主要针对生理，它的起伏主要是在腹部。

**3. 完全呼吸**

完全呼吸是最正确的瑜伽呼吸法，但不可长时间持续练习，在每次的瑜伽练习中加入此呼吸方法即可。

姿势：以自我感觉最舒服的坐姿坐定，腰背挺直，脊柱向上拔高。一手放在胸部的位置，来帮助感受呼吸时胸部的起伏；一手放在腹部，帮助感受气体吸入和呼出时腹部的起伏。

步骤：先轻轻吸气，吸到腹部的位置，当这个区域已饱满时，接着开始充满胸部区域下半部的位置,渐渐地再充满至胸部区域的上半部位置,尽量将胸部吸满,扩张至最大的程度。然后吐气,先放松胸部的位置,再放松腹部的位置。之后用收缩腹部肌肉的方式结束呼气。这是为了确保已将肺部的空气完全排出。重复以上动作,如此循环。

动作要领:第一,吐净气。慢慢地往腹部吸气,好像要把腹部胀起一样,把腹部充满的空气提升到胸部,接下来一边吸气一边提肩,使空气提到喉咙里;第二,使腹部慢慢地瘪下去,缩胸,放下肩部,吐气。

健身功效:瑜伽的完全呼吸法,不仅为身体提供了大量的氧气,更能促进血液的携氧量。同时,身体的肺部组织也会更加强壮,进而增加了人体对于感冒、支气管炎、哮喘以及其他呼吸道系统疾病的抵抗力。甚至体力都会有明显的增长,使整个人的气色更加红润,在心灵层面上也变得更为清澈。

（二）瑜伽的冥想

冥想就是在排除了一切杂念后,沉思、静虑的过程。冥想帮助我们放松大脑、释放压力和紧张情绪,使我们身心得到平衡和安宁,使心灵更易产生反思、直觉、灵感和创造意识。而且冥想还能改善血液循环,调节身体荷尔蒙水平。当我们意识集中、身体充分放松时,体内元气和能量就能得到充分的恢复和凝聚。

**学练提示**

**瑜伽中冥想术和放松休息术的区别**

在瑜伽中,放松和冥想都是非常有用的技巧,而且都需要保持一种平静的状态,来面对生活中的压力。冥想是瑜伽实现入定的一项技法和途径,把心、意、灵完全专注在原始之初;最终目的在于把人引导到解脱的境界。瑜伽休息术是古老瑜伽中的一种颇具效果的放松艺术。在整个练习过程中,需要完全集中意识且放松身体而让其休息。但这种休息与一般意义上的睡眠有着根本的不同。因为在正确的练习中练习者可以用意识去控制,并且从意识中醒来。

区别一,放松是对事物的注意力或控制由紧变松。冥想是将心集中在身体的灵性意识中枢内,或某种神圣形式上,流向专注对象的连续的意识流。

区别二,放松不需要大脑保持警觉或注意力集中,与睡眠的状态非常接近,而且持续的放松状态会让人入睡。而冥想则通过把注意力集中在当前的时刻(一般把注意力集中到一个特定的物体、图像、词语、短语或情绪上),训练大脑进入一种更高的意识和警觉状态。冥想是一种清醒而又警觉,平静而又专注的状态。

## 第三节　练习瑜伽的注意事项和原则

### 一、练习瑜伽的注意事项

(1) 选择通风好的场地,在地上铺一块瑜伽垫,少受外界打扰。

（2）穿着宽松、天然面料的服装，赤脚最佳。摘掉首饰、手表等饰品，不要穿紧身塑形衣。

（3）排空膀胱，清空肠胃，空腹2～3h（因人而异、低血糖的人可食少量饼干、牛奶类食物补充血糖和热量），练完瑜伽后半小时可以就餐，不要立即洗澡，如果马上洗澡，冷水或热水都会给皮肤造成强烈的刺激，增加心脏的负担，最好在15min后淋浴。

（4）练习瑜伽的最佳时间是黎明和傍晚。清晨的练习可以帮助练习者更好地开始一天的工作；傍晚的练习可以扫除一天的疲劳和紧张，使练习者感到宁静平和。

（5）月经期间选择较轻松的姿势，不做犁式、肩立式和一些增加腹压的姿势。

（6）妊娠期间必须慎选姿势，或者只练习呼吸法。生育两个月后，须采纳医生建议进行练习。

（7）大病初愈或手术后不要立即练习瑜伽，应遵医嘱，循序渐进。

（8）有心脏病、高血压、糖尿病、耳朵化脓的患者，以及有脊柱关节伤病者，须采纳医生建议进行练习。

## 二、瑜伽的练习原则

（1）先做热身操，以避免运动损伤。

（2）以愉悦、平和的心情进行瑜伽练习，可配上轻松舒缓的音乐。

（3）平缓地完成每一个瑜伽动作，配合有规律的深呼吸帮助身体放松。

（4）练习时要将意识专注到被伸展和被刺激的部位上，无杂念，不说笑。

（5）练习时不要逞强，在自己的能力范围内做到极限即可，使被伸展的部位有一定拉伸感，保证每个动作舒适地完成。

（6）练习中如果肌肉颤抖或抽筋应立即停止，先保暖，再加以按摩，放松后才能再练。

（7）练习中不盲目攀比，每天进步一点点，日积月累就会收效显著。

（8）每做完一个瑜伽体式后，要注意放松，深呼吸5～6次。

（9）每次完成所有的瑜伽练习之后，要做“放空式”10～15min，放松紧张的身体，帮助自己进入冥想状态。

## 三、一节瑜伽课的练习顺序

瑜伽体式课堂的编排可以很灵活，主要根据学生的具体情况进行适当的调整。一般先从冥想开始，体式由站立到跪立，从力量练习到柔韧练习，接下来是坐卧等体式，最后到放松。一次顺畅的练习，在体式之间要注意对称体式的放松，比如脊柱扭转后最好进行双腿背部伸展，放松脊柱，伸展双腿，顺通膀胱经排毒；坐角式后安排牛面式坐姿，以便让骨盆恢复到正常的位置；犁式后用简易鱼式放松颈椎等。

总之，体式上应按照：站立、跪立、仰卧、倒置体式、后弯、扭转、前屈、放松的顺序。呼吸自始至终伴随身体的运动。

## 知识链接

**产后练习瑜伽有哪些好处？**

产后瑜伽的好处：①帮助紧实腿部和腹部肌肉，减少赘肉；②紧实胸部，防止哺乳后乳房下垂；③缓解和治疗产后易产生的颈椎、腰椎疲劳；④培养平静的情绪，缓解产后抑郁。

为了照顾宝宝，产妇都忙得没有时间锻炼身体，但是身材的恢复也是十分重要的。一般人认为减肥在产后开始运动即可，其实在月子期间就要开始，而且很重要。练习瑜伽可增强会阴肌肉的弹性，促进子宫收缩，预防子宫、膀胱、阴道下坠，并使子宫恢复正常位置。产后瑜伽练习是促进骨盆腔血液循环的运动，因生产方式不同，产后恢复情形也不尽相同，可依个人体质逐渐开始练习。产后瑜伽的诸多动作中均有塑形、保护内脏及柔软肌肉、增加其弹性的功效。

## 思考题

1. 练习瑜伽的注意事项有哪些？
2. 不同的瑜伽姿势各有什么特殊的功效？

# 第三章　轮　　滑

轮滑运动从滑冰运动演变而来，不受气候和场地限制，以其独特的魅力成为世界上发展最快的运动项目之一。轮滑运动作为体育项目在我国的发展还处于缓慢阶段，但是作为休闲项目，早已普及。轮滑运动对场地要求低，其装备也可以让大众轻松接受，平整坚硬的地面、一双轮滑鞋、一套防护装备，就可以带给我们无穷的激情和乐趣。

**学习目标**

1. 了解轮滑运动的发展历史、锻炼价值和特点，激发学习轮滑的兴趣。
2. 发展力量、速度等身体素质，增强空间感知能力，掌握轮滑运动的基本技术。
3. 培养积极向上，乐观进取，勇于挑战，坚忍不拔的体育精神。

## 第一节　精彩绝伦的轮滑运动

轮滑是新潮、时尚、好玩且具有锻炼意义的休闲运动，在我国已非常普及。轮滑运动经过不断发展和完善，目前已形成多项轮滑竞技项目。轮滑运动也是一项全身性运动，它是集娱乐、健身、竞技、惊险于一体，充满无穷魅力和乐趣的新兴体育项目，不仅能增强手臂、腿部、腰部、腹部等肌肉力量，还能提高身体各个关节的灵活性。

### 一、轮滑运动的出现与发展

轮滑是一项需要穿着带滚轮的特制鞋子在坚硬的地面上滑行的运动。轮滑运动能够将人体的协调性、灵敏性等融为一体，是一项具有娱乐性、竞技性、健身性的运动。

轮滑鞋大约出现在 1100 年，是将骨制滚轮钉在皮靴上的鞋子；1700 年苏格兰人将木线轴钉在皮鞋下尝试滑行；18 世纪 60 年代，比利时发明家约瑟夫·梅林发明了第一双轮滑鞋，但是轮滑鞋的滚轮为单轮，稳定性很差；19 世纪 20 年代，法国人贝蒂布莱德发明了单排轮滑鞋并申请专利；19 世纪 60 年代，美国的詹姆斯·普利姆用金属滚轮代替了木制滚轮。轮滑鞋的不断改进与发展，不仅使得轮滑技巧更易掌握，而且也促使轮滑运动受到越来越多人的认可和喜爱。在 20 世纪 30 年代，轮滑运动以杂技表演和娱乐性体育活动的方式从欧美传入我国，随着新中国的成立以及体育事业的发展，轮滑逐渐衍生为休闲体育中的主要项目之一，并吸引了越来越多的青少年。

轮滑运动之所以能够快速发展，不仅仅是因为其具有娱乐性和刺激性，还因为其具有很高的健身价值。在进行轮滑运动时，我们会不断地追求平衡与速度，这就要求提升力量、耐力、柔韧等身体素质。与此同时，轮滑运动可以有效地提高和改善人体中枢神经系统功能，提升呼吸系统、消化系统、血液循环系统功能，使我们在学习与生活中精力充沛、体魄强壮。轮滑运动还能够培养乐观向上、积极进取、顽强拼搏的体育精神，帮助我们更好地面对课业与生活中的挑战。

轮滑运动除了能够健身外，还有一系列鲜明的特点，如娱乐性、观赏性、工具性、经济性等。轮滑运动的娱乐性表现在很高的趣味性上，轮滑运动不仅可以让我们快乐，还能增强身体的灵活性。与朋友一起运动，可以促进交流、缓解压力、放松身心。轮滑运动的观赏性表现在技巧上，轮滑运动不仅有速度性，还有很高的花样技巧和自由式技巧，技术难度和器材的增加，使得轮滑运动妙趣横生、惊险刺激。而轮滑运动的工具性在于其可作为交通工具，只要道路是较为平整和坚硬的地面，轮滑就完全可以帮助我们步行千里而不知疲倦，在拥堵的城市道路上，轮滑无疑是一种时髦而别致的选择。其经济性则体现在装备的低廉和耐用上，鞋子和护具的使用寿命都比较长，无须频繁地更换；不需要固定的场所，节约了场地使用费等。

## 二、轮滑运动的介绍与选择

现在日常生活与活动中常出现的轮滑鞋为直排轮滑鞋。轮滑运动分为速度轮滑、自由式轮滑、花样轮滑、极限轮滑和轮滑球。那么，应该如何选择轮滑项目呢？这就需要了解不同分类项目的特点。

速度轮滑，顾名思义就是以速度制胜的轮滑项目，以直排轮滑鞋为竞赛工具，有场地赛和公路赛两种。场地赛有300m个人计时赛、500m争先赛、1 000m计时赛、10 000m积分淘汰赛、15 000m淘汰赛和3 000m接力赛；公路赛有200m个人计时赛、500m争先赛、10 000m积分赛、20 000m淘汰赛、5 000m接力赛和42.195km马拉松赛。速度轮滑要求高平衡性和高速度性，练习者需要有较强的力量、耐力和速度素质。想要取得胜利，练习者需要进行长期的专门性训练。

自由式轮滑具有很高的趣味性和观赏性，其门槛低，对场地和器材的要求也很低。以过桩为主，上肢与下肢协调配合。自由式轮滑，需要练习者拥有较好的下肢力量和灵活的踝关节。自由式轮滑比较适合大众，一双轮滑鞋，一块平整坚硬的地面，一些轻便鲜明的标志物就可以给练习者带来无穷的乐趣。

花样轮滑与花样滑冰类似，只不过将冰面变为地面，将冰鞋变为轮滑鞋，也是在音乐的伴奏下，进行跳跃、转体、步法等练习。正式的比赛是在50m×25m的地面进行，有双人滑、双人舞、图形滑和自由滑，以难度、姿态、艺术性、完成性等评分为主。花样轮滑对于练习者的要求更高，不仅需要超高的平衡性和耐力，还需要很好的柔韧性和很高的技巧性，练习者要进行长期、专业的训练和磨合，才能在比赛中做出优美的动作。

极限轮滑，属于特技轮滑，具有前卫性和极高的观赏性。该项目除了炫酷的特技，还有很专业的场地，如FSK街道场、道具场、碗池和半管U形池。当然，极限与技巧相伴，如果没有专业的训练经历，极限轮滑的技巧是很难完成的；极限也与危险相伴，在未经过专业训练的情况下，应避免参与极限轮滑。

轮滑球与冰球打法类似，练习者穿轮滑鞋，持木制球杆通过配合将球攻入对方球门方可得分。要想比赛制胜，不仅要有过硬的脚下功夫，而且要有专业的打球技术和战术。

**知识链接**

轮滑球的比赛规则：在轮滑球比赛中，每队需要至少6名队员。1人为守门员，4人为比赛队员，1人为替补队员。比赛在长40m、宽20m、四角为弧形、四边有木围栏(1m)的场地上进行。设有球门，球杆用塑料或木料制作而成，长为0.9～1.15m，重量小于0.5kg。球周长23cm，重155g，颜色为纯色，与场地有明显区分。其比赛方法和计分方法与冰球基本相同。

**知识链接**

花样轮滑评分等级如下。

最高分6分，最低分0分，保留小数点后一位。

完美无缺：6.0分

优秀：5.0～5.9分

良好：4.0～4.9分

合格：3.0～3.9分

差：2.0～2.9分

很差：1.0～1.9分

特差：0.1～0.9分

未滑：0分

## 第二节　轮滑是这样练成的

轮滑运动并不像看起来那么简单，不是换上轮滑鞋就可以“飞”。轮滑运动包括基本的站位、不同的滑行方法和不同的制动方法，想要学好轮滑，就需要从头开始，将基本技术练好，循序渐进。“莫害怕，莫着急，保护头”这九个字，是我们在学习和练习中需要时刻谨记的口诀。

## 一、掌握基本动作

### （一）陆上模仿练习

**1. 基本姿势**

头部直立，上体前倾，双腿微屈，全身放松，脚距 20cm，膝不过足尖。

**2. 侧蹬练习**

基本姿势，右脚伸直向右后蹬出，移重心至左脚，收右腿，再蹬左脚，交替进行。

**3. 滑步练习**

基本姿势，脚尖分开 60°，左脚向前滑出呈弓步，移重心至前脚，收后脚向前滑出，交替进行。

### （二）有鞋练习

**1. 站位**

外“八”站位、内“八”站位、平行站位、“T”字站位，如图 3-2-1 所示。

图 3-2-1

**知识链接**

**如何挑选轮滑鞋**

(1) 听声音。好的轮滑鞋滑行声音小，落地声音敦实低沉。

(2) 试弹性。好的轮滑鞋滚轮弹性高。

(3) 看材料。好的轮滑鞋支架是钢、塑钢或铝合金材质的。

(4) 试穿。好的轮滑鞋容易站稳，不会使重心左右倾斜。

**2. 移重心**

（1）平行站位，上体移向一侧，身体重心移至支撑腿，交替进行，如图 3-2-2 所示。

（2）平行站位，蹲起练习，由慢至快。

（3）“八”字站位，原地高抬腿踏步，如图 3-2-3 所示。

图 3-2-2　　图 3-2-3

（4）平行站位，一只脚向前，另一只脚前后滑动，重心落在两腿之间，如图 3-2-4 所示。

（5）“八”字站位，外“八”走步练习，重心跟进。

（6）“八”字站位，一只脚沿脚尖方向滑成弓步，后腿蹬直滑行，收至原始站位，再交替进行，如图 3-2-5 所示。

图 3-2-4

图 3-2-5

（三）自我保护动作

（1）佩戴护具，摔跤时屈膝降低重心，膝关节快接近地面时跪地，依次用肘、手触地缓冲。

（2）未佩戴护具，以护头为主，双手抱头，屈膝降低重心，团身侧摔，弓背缓冲，如图 3-2-6所示。

（3）倒地起立时，以单腿跪地，上体微微前倾，双手扶支撑腿缓慢站起，如图 3-2-7 所示。

图　3-2-6

图　3-2-7

## 安全提示

在进行轮滑运动时，尤其是在初学阶段，一定要佩戴护具，如头盔、护腕、护肘、护掌、护膝等。经常检查鞋子上的螺母是否松动；观察轮轴的位置，不可超出轮子以外。穿好轮滑鞋后，鞋带松紧适宜，不要过紧，以免影响血液循环；不可过松，这样容易受伤。在公路或人流较多的广场上练习时，要注意避让车辆和人群，避免发生碰撞。

（四）滑行练习

**1. 走步＋双脚滑行练习**

“八”字站位，走步，惯性大时，两脚平行站立向前滑行。

**2. 侧蹬＋双脚滑行练习**

“八”字站位，一脚侧蹬，身体向蹬地脚另一侧移重心，另一侧腿成弓步，随后蹬地脚收回，平行站位滑行，交替进行，如图 3-2-8 所示。

**3. 双脚交替侧蹬滑行练习**

“八”字站位，一脚侧蹬，身体向蹬地脚另一侧移重心，另一侧腿成弓步，蹬地脚蹬地滑行后收回，另一侧脚变支撑腿并单脚滑行，待原蹬地脚落地，另一侧脚即可侧蹬，反复交替单脚滑行。

图 3-2-8

**4. 转弯练习**

走步过程中，双脚交替向要转弯的方向摆脚尖即可。滑行中，转弯时主要依靠惯性转弯，双脚近距离平行站立滑行；向右转弯时，右脚稍靠前，重心稍微前移，右腿微屈，身体右倾；向左转弯时，动作方向相反。

（五）刹停练习

**1. 内“八”字刹停**

在平行滑行的过程中，脚尖内靠，脚跟外分，成正三角，屈膝向外侧蹬地摩擦降低速度，直至停下。

**2. “T”字刹停**

单脚支撑滑行时，另一侧脚横放在支撑脚后面且保持一定距离，屈膝降低重心至支撑脚，利用另一侧脚横放的内刃与地面摩擦降低速度，直至停下。

**3. 转弯减速刹停**

利用惯性转弯减小滑行速度，直至停下。

## 二、尝试花样动作

（一）交叉步

交叉步一般运用于左转弯。左转弯时，右脚向右蹬出，重心移至左腿滑行，身体左前倾，右脚蹬地后交替至左脚左前落地，左脚外刃向右后蹬地滑行，随后左脚移至右脚前内侧再交替成左腿支撑，再加上手臂摆动，依次交替。技术成熟后，可利用此方法进行右转弯，要点一致。

（二）曲线向后

内“八”站位，双腿微屈，双脚同时用内刃向前垂直于脚的方向蹬地，同时两脚后跟逐渐分开，滑至两脚站位稍大于肩时，脚后跟收拢成外“八”继续后滑，反复交替进行。在练习时，可以通过摆放标志物或画标志线来辅助练习，以增加趣味性，如图 3-2-9 所示。

**图　3-2-9**

（三）蛇形向后

内“八”站位，如用右脚内刃蹬地，重心移至左侧成左侧支撑后滑，右腿在体前伸直，随后恢复基本站位，然后左脚内刃蹬地交替进行。滑行时，注意上体前倾，双腿弯曲，两臂张开维持平衡。当技术成熟后，可通过缩短标志物的距离来增加练习难度，巩固技术，如图 3-2-10 所示。

**图　3-2-10**

## 三、挑战难度动作

### （一）腾空

滑行到一定速度变为平行滑行，预备起跳时，双腿屈膝、降低重心；起跳瞬间，双腿伸直，双臂上摆，大腿主动发力贴近胸部；落地时，滚轮同时着地，触地后身体随重心下蹲，上身前倾。

### （二）前后转换

向前滑行和向后滑行的转换主要依靠腾空与转体来完成。在保持前滑速度时，双脚平行前滑，右腿提膝向左，身体外转 180°，右脚落地，同时左腿提膝内扣收回，两腿靠拢，屈膝落地转至向后滑行。向后滑行和向前滑行的转换动作要点一致。

### （三）其他

除此之外，还可以通过场地或者增设器材来增加练习难度。例如，滑行—腾空上台阶、滑行—腾空单脚落地、滑行—腾空转体 360°、滑行—横劈腿穿越障碍等。而这些难度动作，都需要依靠基本的技术组合完成。因此，基本技术是基础，要想驾驭好这项运动，为自己带来更多的乐趣和收获，就需要花费大量的时间刻苦练习。

**知识链接**

随着使用时间的增加，轮滑鞋的轮子会渐渐磨损，所以要常常检查轮子，如果滑行频繁，就需要每周检查一次。检查时，主要查看轮子的磨损程度，如果轮子有一侧磨损较严重，则须调换位置，以免轮子偏刃而报废。

# 第三节　轮滑运动各种美的欣赏

轮滑运动的美，是指人的身体在进行轮滑运动时展现出来的美。轮滑运动员可根据其项目的需要，选择适合的动作，按照美的规律和尺度塑造健美而强壮的身躯，又通过健美而强壮的身躯来表现优美的动作。花样轮滑是轮滑运动中观赏性最高的项目，在花样不同的滑行中，展现了各种各样的体育美。我们可以从以下几方面欣赏一场精彩的比赛。

## 一、平衡之美

平衡之美主要是指练习者在轮滑过程中做平衡动作时表现出的稳健，这种稳健的优美可以给人强烈的美的感受。如燕式步，即练习者使用单脚支撑滑行，另一条腿伸直后摆、前摆或侧摆高于髋，既可以向前滑行，也可以向后滑行，还可以在滑行中利用燕式接续步，完成多种燕式姿态的动作。这种有一定难度的平衡之美，会使观赏者觉得美轮美奂，获得愉悦感。例如，高腾空做出一定难度的动作后，所接的落地技术表现出的稳健，会让观赏者的情绪由紧张到放松再到愉悦，这种情绪的高度变化会让人感到兴奋，给人以美的震撼。

## 二、速度之美

速度之美是轮滑运动中能够表现出练习者惊人的速度技能的一种美，练习者飞速地滑行、脚下如行云般不断交替、流畅地前进或后退并保持较快的速度、转弯时感觉不出减速、通过速度表现出超高的难度，而速度又依靠强大的力量，因为力量支撑了速度，速度又展现出了力量美，这两种美的结合，可以使观众跟随练习者体验速度带来的刺激感，体验由力量维持的速度展现出的标准滑行动作，从而使观众感到兴奋与惊奇。竞赛者之间速度的快慢可以带给观众强烈的对比感，使人感受到轮滑运动中人体充满活力的美。

## 三、腾空之美

腾空之美主要是通过轮滑运动过程中的跳跃体现出来的。练习者跳起后，在空中迅速转体，随后落地。空中转体的方向可以是顺时针，也可以是逆时针。腾空时旋转的周数决定了跳跃是一周跳、两周跳、三周跳还是四周跳。跳跃可以单独完成，也可以组合完成或连续完成，组合越丰富、连续越多则难度越大。在轮滑运动过程中，腾空越高，越容易完成旋转。但是，腾空高也意味着落地不稳，这就需要练习者的身体控制与落地技巧的巧妙配合。在比赛中，腾空完成的技术动作需要惊人的弹跳力和超凡的身体素质，向人们尽展体质之美。

## 四、花样之美

花样之美主要体现在轮滑运动要完成各种类型和不同难度的具有一定艺术性的单个动作或成套动作，其审美价值较高。在花样表演或比赛中，不论是单个动作还是成套动作，都要求幅度大、舒展、协调、节奏感强、造型美观大方。花样之美可以表现出练习者的力量、灵敏度、柔韧性、协调性等素质，充分展示了各种优美的人体造型。除此之外，轮滑运动还要求练习者有娴熟的技术和自我创编能力，要将新颖独特的动作与风格相一致的音乐合理编排，从而彰显动作的舒展、协调和美观，充分展示优美的动态形象和韵律感，使观众观赏到力的造型、美的展示，感受到青春活力的生命美。轮滑运动的花样变化，可以体现出练习者精湛的技艺，练习者通过技艺，使健、力、美融为一体，达到了绝妙无比的艺术境界，美不胜收，向人们展示了另一种体育之美。

**名人介绍：**

陈晨，女，1995 年出生于江西省萍乡，是一名优秀的轮滑运动员。

她 6 岁与轮滑结缘；2006 年开始四处访师求艺；后拜于中国 MST 陈敏门下，技术突飞猛进。2007 年在上海参加全国轮滑大赛，获得速度过桩冠军；2008 年参加“米高”杯第二届全国自由式轮滑大赛，获得速度过桩和花式绕桩冠军，并入选国家 MST 队；2008 年在韩国春川参加世界体博会杯 WSSA 自由式轮滑比赛，获得速度过桩、平地花式、BATTLE 花式绕桩 3 枚金牌；2009 年在上海参加世界自由式轮滑锦标赛，也是中国上海国际大众体育节系列活动之一，一路拼杀，获得花式绕桩冠军。陈晨热爱轮滑，也承受着同龄人难以承受的训练强度，但是陈晨说："脚底板经常磨出血泡，有一次牙都磕掉了，可我不觉得辛苦，因为太喜欢这项运动了。"

## 思考题

1. 你了解轮滑的发展史吗？可以将你知道的告诉同学们吗？

2. 轮滑都有哪些滑行练习？你能将它们组合在一起吗？请列出你所想到的组合，并实际操作。

3. 你喜欢看轮滑比赛的什么项目？你认为该项目的"美"体现在什么地方？

# 第四章 矫正体操

形体美是一种天然健康的美，健康美是美的首要条件，要想把健康和美丽掌握在自己手中，就必须了解和掌握健身健美的相关知识。本章将图文并茂、通俗易懂地介绍几种身体不良姿态的矫正练习方法，帮助青少年学生塑造良好的体态，使其举手投足间洋溢着青春的活力。

**学习目标**

1. 了解矫正体操的概念和健身价值，学习矫正体操的一般练习方式。
2. 发展身体各方面的素质，塑造完美体形。
3. 培养审美认知。

## 第一节 重塑体态的矫正体操

矫正体操是运动疗法的一种，在日常生活中虽然很少被人们提及，但它的功能却不容忽视，下面就来介绍一下矫正体操的相关知识。

### 一、了解矫正体操

#### （一）什么是矫正体操

追求形体美是人类永恒的话题。在人的生长发育过程中，由于一些长期的不良生活习惯、不正确的姿势或疾病、外伤等会导致身体的某一部分发育异常或两侧不均衡，一般不适于手术或药物治疗，但可以通过运动疗法加以矫正，这种运动疗法即矫正体操。

#### （二）矫正体操的作用

**1. 纠正不良身体姿态**

对于处在中青年时期的人来说，骨骼发育已趋于成熟，仅仅依靠做矫正体操和体育锻炼矫正不良体态，效果不是很明显，必须采取治疗和参加体育锻炼相结合的手段才能奏效。但对青少年来说，特别是少年儿童，由于骨结构还没有完全形成，因此长期坚持做矫正体操和参加适当的体育锻炼就可以矫正不良体态。

**2. 促进身体健康,增强自信**

掌握科学的锻炼方法,养成良好的卫生习惯,可以使身体保持健康的状态,拥有优美的身体姿态,让人重拾自信,保持积极乐观的心态。

## 二、选择适合的矫正体操

矫正体操的种类包括两肩高低不一矫正体操、溜肩矫正体操、驼背矫正体操、鸡胸矫正体操、脊柱侧弯矫正体操、“X”型腿矫正体操、“O”型腿矫正体操、“八”字脚矫正体操、扁平足矫正体操、大腿过粗修饰法、扁平胸矫正体操、“一臂粗,一臂细”矫正体操、“一腿粗,一腿细”矫正体操等。练习者可以根据身体不良姿态的种类,有针对性地选择矫正体操。

### 小窍门

**得了颈椎病怎么办?**

颈椎病是临床常见多发病,患者尝试用各种方法治疗,吃药、打针、做牵引,可效果却是微乎其微。其实,在治疗颈椎病上有很多小窍门,学会这些窍门就会事半功倍。

窍门一:保暖

可以佩戴厚长围巾避免颈部受寒,消除颈椎病诱发因素。颈部保暖不仅可以避免颈部疲劳,而且还可以避免头颈部血管因受寒而收缩。建议女性在办公室里放条小围巾,尤其在夏天,空调气温低时,可以系上阻挡凉气。

窍门二:游泳

游泳中抬头换气的动作可以锻炼颈椎。例如,1 000m 蛙泳,抬头换气 600 多次,既锻炼身体,又活动颈椎,是一举两得的好方法。

窍门三:热敷

将适量炒至温热的盐放入小口袋中,系口,放在颈椎上,等盐全凉时拿下。这种方法可以发热活血。还可以在每天晚上睡觉之前,用瓶子装热水(瓶子的要求:圆筒状,不漏水,粗细合适),枕到颈下。如果瓶子太烫,就用毛巾包上,每晚枕 10～15min。

窍门四:头部后仰悬垂

早上起床,如果发现颈部不舒服,就仰卧,将头部从床沿悬垂下去,开始很酸痛,但过 5～10min,就会产生舒适感。

窍门五:按摩后溪穴

后溪是小肠经上的一个穴,把手握成拳,掌指关节后横纹的尽头就是该穴。这个穴是奇经八脉的交会穴之一,通督脉,能泻心火、壮阳气、调颈椎、利眼目、正脊柱。临床上,颈椎、腰椎、眼睛出问题,按摩、刺激该穴位,效果明显。按摩后溪穴还可以减少长期伏案或在计算机前学习和工作对身体带来的不利影响,只要坚持,百用百灵。

另外,跑步、伸懒腰、放风筝、打篮球、按摩、拔罐、练瑜伽、用头写“米”字、少跷二郎腿等都能很好地缓解颈椎病。同时应避免长时间伏案工作、驾车和使用计算机,有意识地每隔 1h 活动一下或换个姿势,切忌“积劳成疾”。

# 第二节　简单易行的矫正体操

矫正体操动作简单，针对性强，但需要持之以恒才能有良好的效果，本节将针对青少年中常见的不良体态，详细讲解矫正体操的动作要点和矫正方法。

## 一、脊柱侧弯矫正体操

脊柱侧弯如图 4-2-1 所示，是指人的脊柱发生向左或向右弯曲的现象。轻者表现为两肩不等高、腰凹不对称；重者可见胸部、胸腰部至腰部一段的脊柱向一侧弯曲，同侧背部隆起，胸廓塌陷，严重的可能影响心肺功能和内脏功能。在脊柱侧弯的初期，做矫正体操效果最为显著，因为这时骨骼和韧带还没有发生异常的变化，一旦侧弯发生较久后，由于一侧的肌肉韧带松弛，另一侧发生萎缩，往往脊椎骨本身也随之变形，因此矫正难度增加。常见的矫正方法有以下几种。

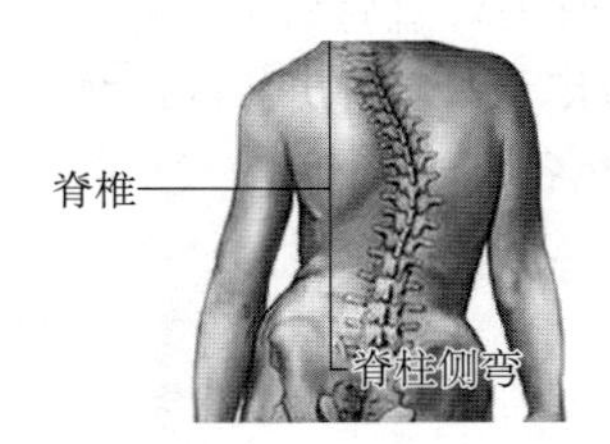


图 4-2-1　人体脊柱侧弯图

（1）两脚开立，腿伸直，一手叉腰，一臂侧上举，向叉腰一侧做体侧屈运动，振幅逐渐加大。也可一手叉腰，一手放在头上，向叉腰侧做体侧屈运动，两手同时推挤，如图 4-2-2 和图 4-2-3 所示。

图　4-2-2

图　4-2-3

（2）俯卧，两臂屈臂，前臂贴于地面撑地，将脊柱侧凸一方的腿用力向后上抬起，同时另一侧的手臂向前伸直，持续 3～4s，还原。连续做 10～15 次，共练习 3 组。

（3）体转练习。两脚左右开立，双手持哑铃置于胸前，扭转躯干，做向胸椎曲凸的同方向的体转运动。完成一次体转后，两臂置于体侧。连续练习 20～30 次，共练习 3 组。在动作过程中要注意双腿伸直，脚后跟踩实，不可移动双脚。

（4）跪立，甩动两臂，左右回转上体；或两臂侧平举，回转上体。连续做 30～40 次回转，共练习 4 组。

（5）侧卧，两手交叉置于头后，双脚前后交叉并紧，上体抬起做体侧屈运动，抬起到最大限度时，持续 2～3s。

## 二、驼背矫正体操

驼背如图 4-2-4 所示，是指胸椎后凸所引起的体态改变，少数人是由于先天畸形或脊柱患病，大多数人是由于平时不注意坐姿、运动不当、走路弯腰，以致背部肌肉薄弱、松弛无力。对于驼背的矫正，主要是增加背部伸肌的力量和牵拉胸部前面的韧带。

（1）两脚左右开立，同肩宽，两手臂直臂背后，两手相握，吸气时，两手用力向下伸，使两臂充分伸直，同时用力挺胸，动作至最大限度后，持续 4～5s，如图 4-2-5 所示，然后放松还原，重复做 10～15 次，早、中、晚各练习一组。

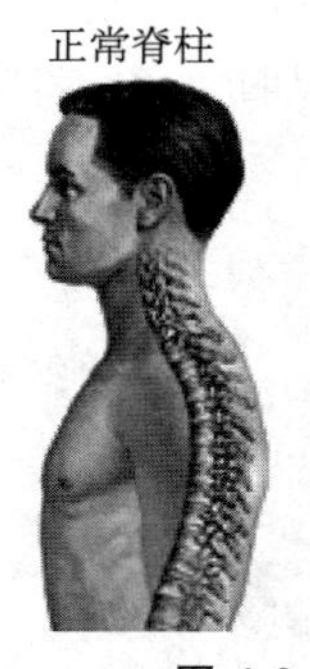

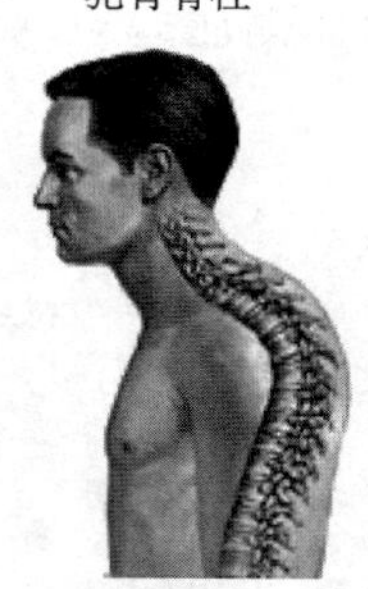


图 4-2-4　人体驼背图

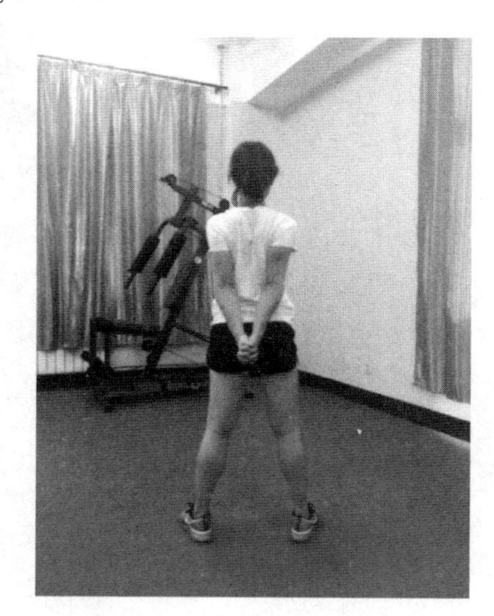

图　4-2-5

（2）仰卧，背后垫高枕，全身放松，持续 30～60s，重复练习 4 次。注意头部、颈部和胸部肌肉要充分放松。

（3）扩胸，两臂前平屈，握拳相对，然后分别向左右挥摆做扩胸运动，同时做抬头、挺胸、收腹动作，如图 4-2-6 和图 4-2-7 所示。反复练习 15～20 次，共练习 2 组。

（4）俯卧两头起。俯卧在垫子上或床上，两手抱头，吸气，头、胸部和腿部同时向上抬起，使身体呈背弓形，如图 4-2-8 和图 4-2-9 所示，持续 4～5s，再呼气，还原放松。重复练习 10～15 次，共练习 3 组。

图　4-2-6

图　4-2-7

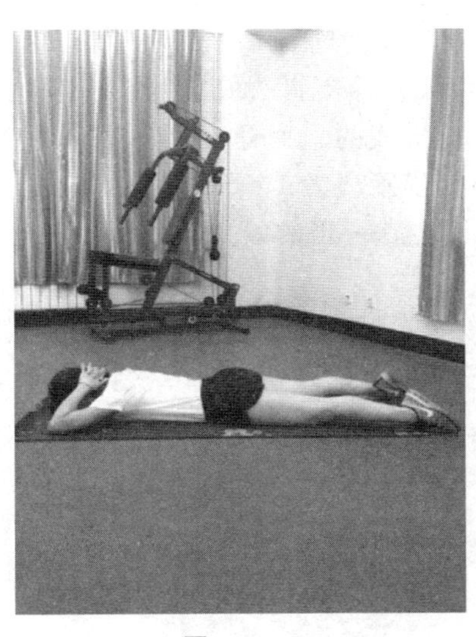

图　4-2-8

图　4-2-9

(5) 仰卧提胸挺。仰卧，直臂置于体侧，掌心贴于地面，用力向上挺胸，使背部最大限度地离开地面，持续 2s，还原成仰卧，如图 4-2-10 所示。反复练习 15～20 次，共练习 2 组。

(6) 面对墙，两脚左右分开站立，两臂上举，掌心贴墙，用力抬头、挺胸、塌腰、撅臀，使整个手臂贴近或全部贴墙，如图 4-2-11 所示，动作至最大幅度后持续 4～5s，然后放松。反复做 10～12 次，共练习 3 组。

矫正驼背，除了以上的方法，平时还要特别注意养成良好的习惯，坚持睡硬板床。入睡前，不妨背后垫个高枕放松全身，让头后仰。睡觉时枕头宜薄，尽量采取仰卧，不要侧身低头蜷身睡，否则会加重驼背。白天要经常保持挺胸、收腹、紧腰的姿势，肩膀向后伸展，特别是青少年在学习时，应保持脊柱挺直，写字看书的桌椅高低要合适。

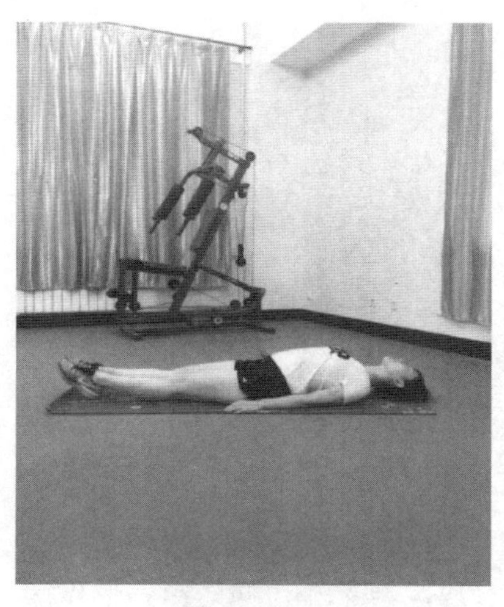

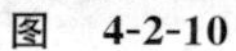
图 4-2-10

图 4-2-11

## 三、“X”型腿矫正体操

“X”型腿如图 4-2-12 所示，是由先天遗传或后天营养不良、幼儿时期走、坐的姿势不正确引起的。它是股骨内收、内旋和胫骨外展、外旋形成的一种骨关节异常现象。测量判断的方法是站立，两膝靠拢时两脚不能靠拢，两脚间隔距离为 1.5cm 以上的均属于“X”型腿。“X”型腿的矫正比较困难，要经常坚持练习，才会有一定的效果。其矫正的方法有以下几种。

（1）在椅子上坐正，足底贴于地面，两膝、两踝互靠，两手扶膝轻轻下压，到最大限度，如图 4-2-13 所示，持续 4～5s，还原，注意两脚踝不能分开。反复练习 8～10 次，共练习 3 组。

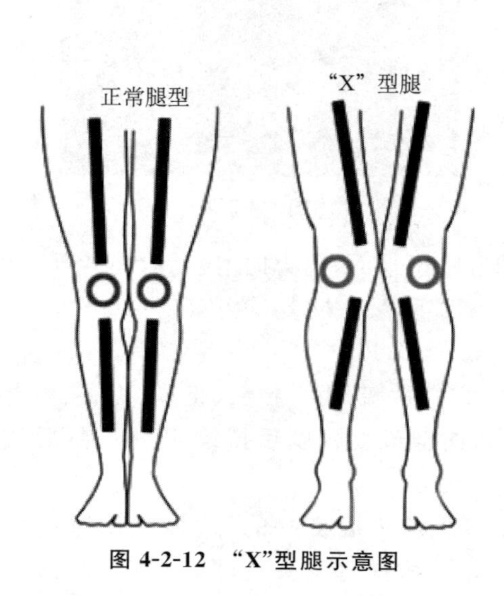

图 4-2-12 “X”型腿示意图

图 4-2-13

（2）坐在椅子上，两臂后撑，两踝处夹紧一件软的物体，足跟着地，用足带动腿尽量前后伸，如图 4-2-14 和图 4-2-15 所示，持续 4～5s，然后还原放松。连续做 10～15 次，共练习 3 组。注意所夹物体要由厚到薄，循序渐进。

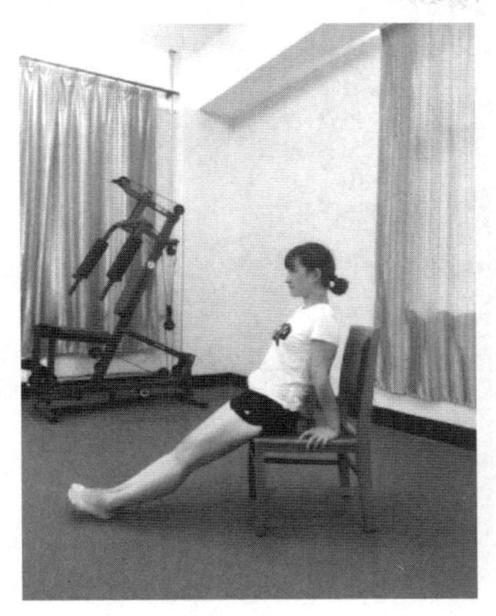
图 4-2-14

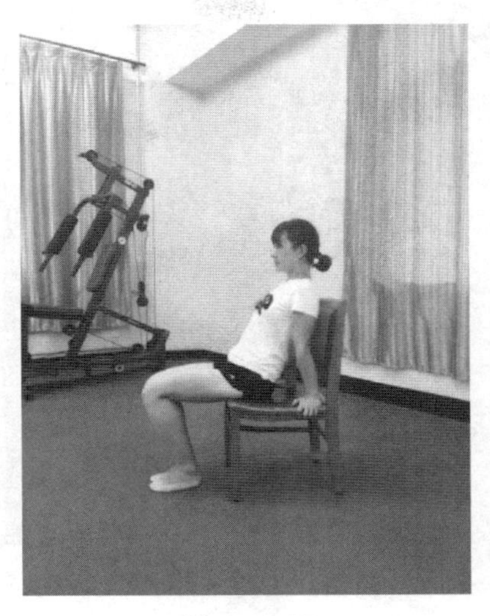
图 4-2-15

(3) 直角坐，左腿于体前伸直，右腿屈膝外展，右脚放在左腿的膝关节上方，左手扶右脚，右手向下按压右膝的内侧，如图 4-2-16 所示，压至最大限度，然后慢慢放开还原。重复练习 15～20 次，换另一侧做，共练习 3 组。

(4) 坐于瑜伽垫上，左腿向左 45°伸直，右腿屈膝外展，上体稍右转、前倾，双臂伸直，双手触地，胸部贴紧膝关节的内侧，并使上体下压，如图 4-2-17 所示，至最大限度，持续 8～10s，然后还原，稍放松。重复练习 4～5 次，换方向做，如图 4-2-18 所示。

图 4-2-16

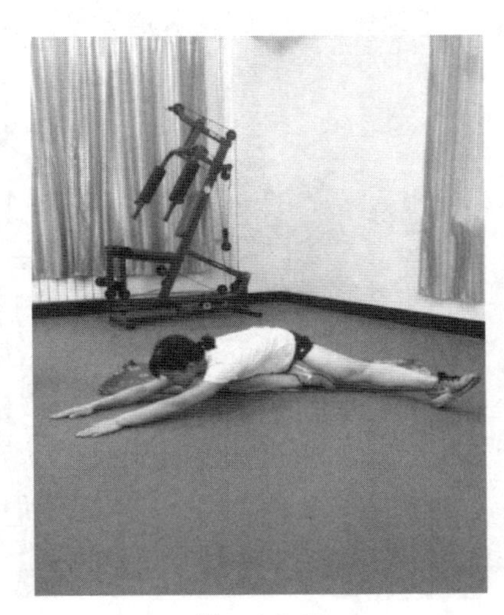
图 4-2-17

(5) 坐于瑜伽垫上，直臂身后支撑，将弹力带套在脚踝上，两腿伸直抬起，两脚用力向左右分开，如图 4-2-19 所示，动作要慢，再还原。重复练习 8～10 次，共练习 3 组。

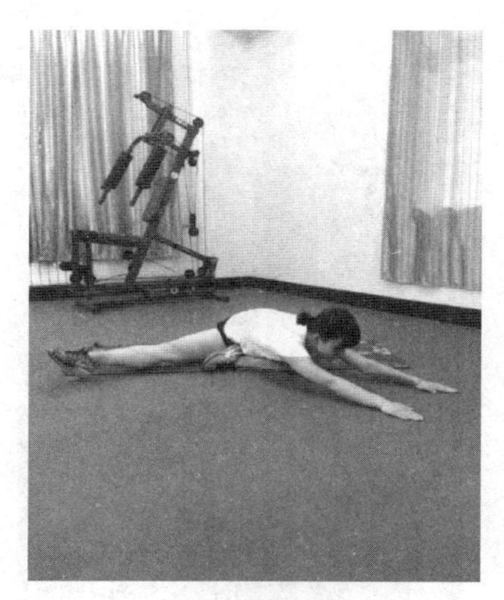

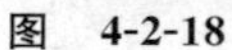

图 4-2-19

## 四、"O"型腿矫正体操

常见的罗圈腿也称"O"型腿，如图 4-2-20 所示，它指的是膝关节内翻，是儿童时期骨骼发育畸形造成的，大多是站立过早或行走时间过长，或缺乏营养和锻炼所致。判断的方法是：双脚踝部并拢时，双膝不能靠拢，并呈"O"型，医学上一般将此疾病划分为三个不同程度：轻度为两膝间距在 3cm 以内；中度为两膝间距 3cm 以上；重度为走路时左右严重摇摆。形成这种腿型的主要原因是大、小腿内外两侧肌肉群及韧带的收缩力量与伸展力量不平衡。年纪越轻，矫正效果越好，矫正的办法主要有以下几种。

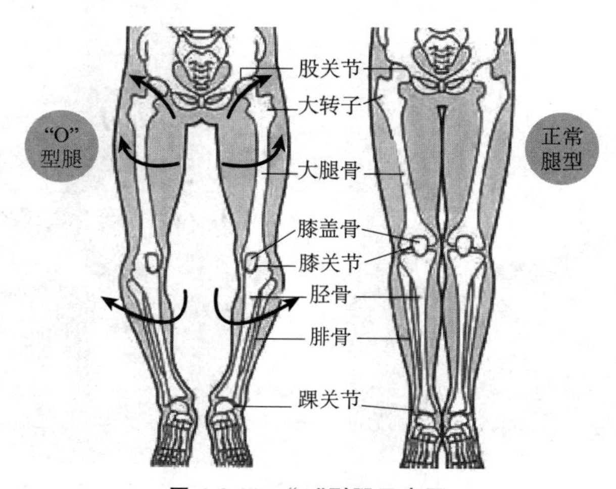


图 4-2-20 "O"型腿示意图

（1）两脚开立，上体前屈，两手扶膝关节外侧，双腿屈膝半蹲的同时两手用力向内侧推压膝关节，尽量使两膝内扣，如图 4-2-21 所示，然后慢慢放开还原。反复做 10～15 次，共练习 3 组。

图　4-2-21

（2）并腿直立，两膝用力夹紧，再放松练习。反复进行，为增加夹紧的程度，两膝间所夹的物品可由厚到薄，保持所夹物品不掉落，如图 4-2-22 所示。时间为 20s，反复做 10～15 次，共做 4 组。

（3）坐于瑜伽垫上，两腿并膝屈膝左右分开，两脚掌着地，直臂撑于体后，上体稍后倾，两腿用力向内夹，使两个膝关节尽量靠近，上体和脚不动，如图 4-2-23 所示，到最大限度，持续 2s，然后还原。反复做 10～15 次，共练习 3 组。

图　4-2-22

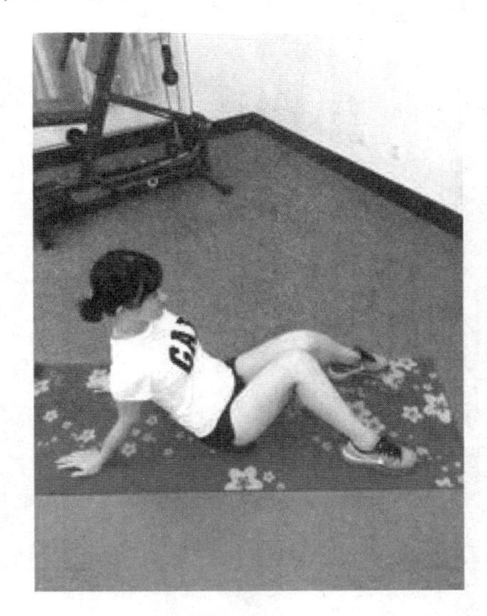

图　4-2-23

（4）晚上睡前，两膝下处用宽带子绑起来，到第二天早上放松，随着时间的推移，由松逐渐加紧，但松紧要适宜，不能影响血液循环，每星期 1～2 次。

以上运动每天练习 1～2 次，每个动作都要认真准确，达到一定的运动量才有效果。

## 五、大腿过粗修饰法

大腿粗细主要是由腿部肌肉体积的大小和皮下脂肪的多少决定的。肌肉的体积大、脂肪多，腿就粗。如果每天能控制饮食，坚持做 30min 的腿型修饰操，2～3 个月后，双腿多余的脂肪就会逐渐减少，腿型有所改善。

（1）仰卧，双脚微微抬离地面，交替屈膝、伸直，如图 4-2-24 和图 4-2-25 所示。

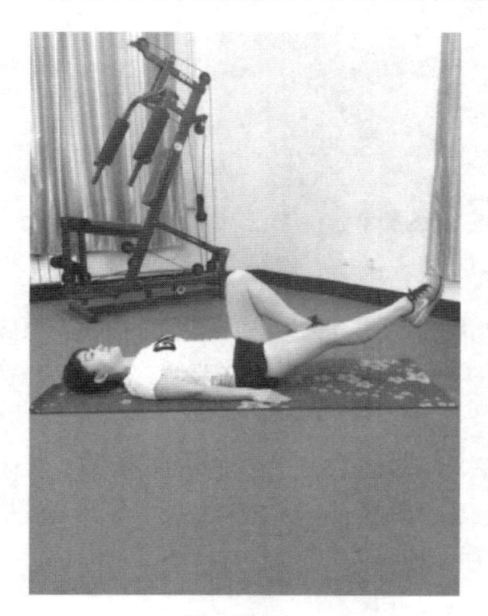

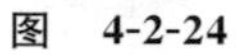
图 4-2-24

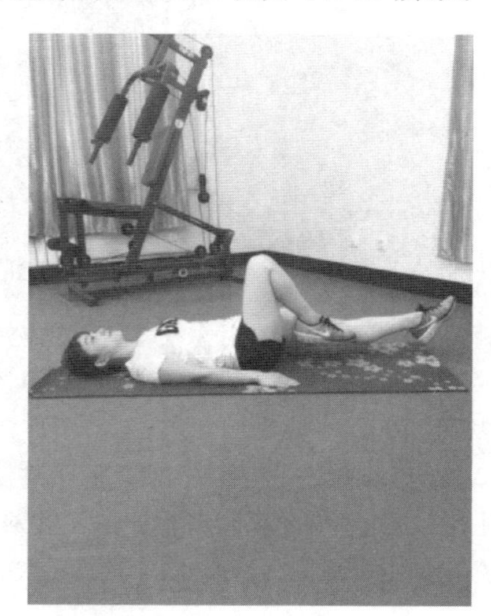

图 4-2-25

（2）仰卧，双脚完成蹬自行车的动作，速度逐渐加快，如图 4-2-26～图 4-2-29 所示。

图 4-2-26

图 4-2-27

图　4-2-28　　　　图　4-2-29

(3) 开立,齐肩宽,脚尖和膝盖尽量分向两边,双手贴大腿外侧,骨盆左右摆动,如图 4-2-30和图 4-2-31 所示。

图　4-2-30　　　　图　4-2-31

(4) 屈膝仰卧,足底着地贴于地面,两膝打开再合拢,如图 4-2-32 和图 4-2-33 所示。

(5) 坐在椅子上,双手扶于椅子靠背与后腿连接处,双腿伸直抬起,越高越好,如图 4-2-34所示,并尽量保持这个姿势几秒钟,缓慢放下。

(6) 右侧卧,右手屈臂,手撑头部,右腿屈膝呈直角,左手胸前屈臂支撑。左腿上抬,如图 4-2-35 所示,越高越好,随后,左腿在空中划弧,如图 4-2-36 所示。做 6～12 次后,换方向再做。

(7) 直立,双手叉腰,双脚交换做弓箭步,也可以向两边做侧弓箭步,如图 4-2-37 和图 4-2-38 所示。

图 4-2-32

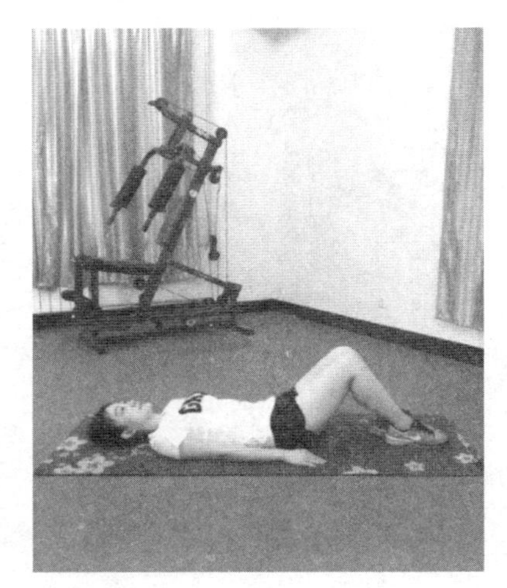

图 4-2-33

图 4-2-34

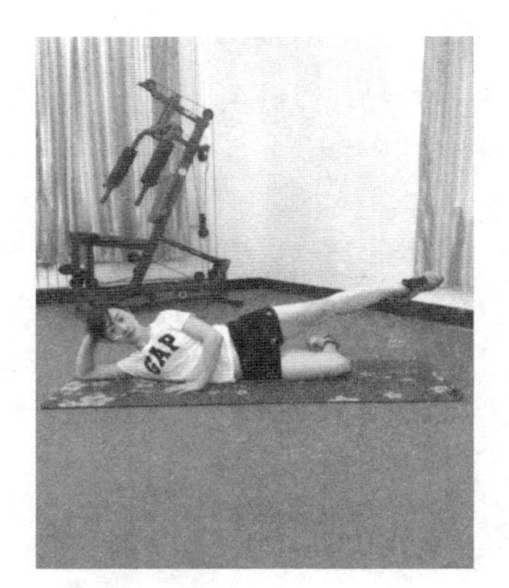


图 4-2-35

图 4-2-36

图 4-2-37

图 4-2-38

## 第三节　练习矫正体操的注意事项

矫正不良体态要本着“早期发现、积极矫治”的原则。青少年时期体态畸形发展的可能性较大，需加紧矫治。矫正体操要长期坚持，要求操作正确、认真，并适当配合呼吸运动。练习矫正体操的注意事项如下。

（1）锻炼要循序渐进，坚持每天早、晚各一次，并逐渐加大动作的力度和强度，加长锻炼时间，在锻炼期间一定要保持正确的坐、立、走的姿势，坚持锻炼 3 个月就会有效果。

（2）要注意爱惜身体，切忌暴力性、强制性和突然性的动作，避免发生意外伤害。

（3）要加强两腿和躯干肌肉的力量练习，增强矫正效果。

 **思考题**

1. 什么是矫正体操？
2. 如何保持健康优美的体态？

# 职 业 模 块

# 第五章　职业与体育

任何工作都需要健康的身体作为支撑，中职生不仅需要学习知识和技能，更要拥有良好的身体素质，掌握不同职业所需身体能力的锻炼方法，以便更好地适应未来的工作岗位。本章根据不同职业对身体素质和基本活动能力的特殊需要，提供有针对性的锻炼指导。同时，结合不同职业存在的健康隐患，提供运动处方，以供中职生在校期间学练及走向工作岗位后在锻炼中应用。

**学习目标**

1. 了解不同职业的健身方法，掌握制定运动处方的知识。
2. 发展自我管理体质、排查身体运动负荷的能力。
3. 培养积极向上，乐于运动，乐于参与的精神。

## 第一节　职业与健身

不同职业对职业者的体能有不同的要求，本节针对不同职业需求，从体能的五个方面对健身方法进行介绍，以帮助不同职业者强身健体，避免受到职业伤病的危害。

### 一、耐力型职业的健身方法

耐力是指人体长时间进行肌肉活动的能力，也可指抗疲劳的能力。耐力素质对于人体的健康具有非常重要的作用。

#### （一）有氧耐力的锻炼

有氧耐力是耐力素质的主要方面，发展有氧耐力可以提高心肺功能水平。有氧耐力的练习有一定的负荷强度，心率一般控制在140～170次/min，大约为锻炼者所能承受最大强度的65%～80%。如果负荷强度太低，心率在140次/min之下，心输出量达不到较大值，同时吸进的氧气也较少，练习效果不佳。如果负荷量高于170次/min，机体会产生氧债，不利于有氧耐力的发展。有氧耐力锻炼最少持续5min，一般在15min以上为宜。

#### （二）无氧耐力的锻炼

为了保持或提高快速跑的能力，就要多进行无氧耐力锻炼。在进行无氧耐力锻炼时，强度较大，心率一般要控制在160次/min以上，须有医务人员监督。

### （三）常见提高耐力的训练方法

**1. 间歇跑**

如以接近100%的强度跑完100m后，慢跑2min，间歇练习，反复训练4～6组。跑100m的过程中负荷强度较大，心率一般控制在160～170次/min左右为宜。慢跑过程中心率恢复到120～140次/min左右为宜。

**2. 变速跑**

变速跑的方式有很多，可以根据不同的需要，结合不同距离的快慢跑。例如，50m快跑—50m慢跑；100m快跑—100m慢跑；直道快跑—弯道慢跑；弯道快跑—直道慢跑等。负荷强度要由低到高，慢跑时心率一般控制在130～140次/min左右，快跑时心率一般控制在160～170次/min左右。持续练习时间约半小时。

**3. 反复跑**

反复跑一般跑距为100m、150m、300m，重复2～5组，组间间歇3～5min。进行反复跑练习时心率达到170次/min左右为宜，间歇恢复时，心率到120次/min左右再进行下一组练习，练习时量力而行，不要负荷过大。

**4. 跳绳**

3min原地跳绳；2min跳绳跑。一般练习3～5次，每次间歇5min。要求练习时心率控制在140～150次/min左右，恢复至120次/min后，开始下一次练习。

**5. 健身操**

可以任意选择一项自己爱好的踏板操、瑞士球操、舞蹈等健身操，进行每组5min以上的练习。练习4～6组，每组间歇5～8min。心率控制在120～160次/min为宜。

**6. 定时走**

定时走的场地选择范围很广，如在广场、公路或其他自然环境中均可进行练习。定时走是按规定时间做自然走或稍快些的自然走，时间一般控制在30min左右。定时走时可以边听音乐边走、边看风景边走、边思考问题边走，可控性较强，实施起来也较容易。

**7. 游泳**

（1）水中高抬腿。在浅水中，做原地高抬腿，每组100次，4～6组，组间间歇3min为宜。

（2）分段变速游泳。可以以50m为一段落，50m快游，50m慢游，每组250～300m，练习4～5组，组间间歇10min为宜。

除此之外，还有一些球类活动、骑行、沙滩跑、负重跑、越野跑等提高耐力的训练方法。

## 二、力量型职业的健身方法

**1. 胸部肌群**

（1）直臂“飞鸟”

可仰卧或站立，手持哑铃侧平举，经前平举还原侧平举为1次，20次为1组，练习2～3组为宜，保证每次动作标准到位。

(2) 直臂交替上下摆

可仰卧或站立，一手持哑铃经体侧成侧平举，再还原体侧为1次，然后另一侧练习，左右手臂各10次为1组，每次练习3～4组为宜，保证每次动作标准到位。

(3) 手高位俯卧撑

俯撑在高处(桌子、台阶等)，手臂屈伸一次为1次练习，15～20次练习为1组，每次练习3～4组为宜，保证每次动作标准到位。

(4) 跪姿俯卧撑

跪地俯撑，屈膝后抬双脚，空中交叉，手臂屈伸一次为1次练习，15～20次练习为1组，每次练习3～4组为宜，保证每次动作标准到位。

(5) 推墙

在离墙0.5～1m远处站立，身体前倾，手臂撑墙，手臂屈伸一次为1次练习，15～20次练习为1组，每次练习3～4组为宜，保证每次动作标准到位。

**2. 腹部肌群**

(1) 仰卧两头起

仰卧，手臂上举，收腹举腿同时上体起，手触脚背后，还原仰卧，10～15次为1组，每次练习2～3组为宜，保证每次动作标准到位。

(2) 仰卧卷腹

仰卧屈膝，双脚踩地固定，双手放于头后并交叉，两肘张开，收腹使上体离地30°～45°，25次为1组，每次练习2～3组为宜，保证每次动作标准到位。

(3) 仰卧起坐转体

仰卧屈膝，双脚踩地固定，双手放于头后并交叉，收腹，上体抬起后转体，单侧肘关节触另一侧膝关节，25次为1组，每次练习2～3组为宜，保证每次动作标准到位。

(4) 仰卧屈膝侧摆

仰卧屈膝，上体保持不动，屈膝状态左摆动触地，再向右摆动触地，左右各10次为1组，每次练习2～3组为宜，保证每次动作标准到位。

(5) 悬垂举腿

手握高杠或肋木(可负重)，直腿上摆到与地面平行，10次为1组，每次练习2～3组为宜，保证每次动作标准到位。

**3. 腰背部肌群**

(1) 俯卧两头起

俯卧，双手放于头后并交叉，上体和腿(直腿)同时向上，离地约30°，15次为1组，每次练习2～3组为宜，保证每次动作标准到位。

(2) 侧卧起坐转体

屈膝侧卧，双手放于头后并交叉，上体侧起，肘关节触上方大腿外侧，15次为1组，每次练习1～2组(每侧)为宜，保证每次动作标准到位。

(3)“平板”支撑

俯卧，屈臂，小臂支撑，双脚踩地，身体离开地面呈“平板”，保持20s，每次练习4～5组为宜，保持每次动作标准到位。

**4. 上肢肌群**

（1）俯卧撑

俯撑开始，手臂屈至大臂与地面平行，撑地还原俯撑，15～20 次为 1 组，每次练习 3～4 组为宜，保证每次动作标准到位。

（2）引体向上

两手正握高杠，略宽于肩，两脚离地，屈臂将身体往上拉起，下巴超过高杠，10～15 次为 1 组，每次练习 2～3 组为宜，保证每次动作标准到位。

（3）上举屈臂（向后）举哑铃

双手持哑铃上举，小臂向后屈伸，10～15 次为 1 组，每次练习 2～3 组为宜，保证每次动作标准到位。

（4）双杠臂屈伸

双臂直臂支撑于双杠，身体悬垂，手臂屈伸，10～15 次为 1 组，每次练习 2～3 组为宜，保证每次动作标准到位。

**5. 下肢肌群**

（1）屈膝靠墙半蹲

屈膝靠墙半蹲，大腿与地面平行，腰背贴墙，30s 为 1 组，每次练习 3～4 组为宜，保证每次动作标准到位。

（2）负重半蹲腿侧抬

负重半蹲，单腿支撑，侧摆腿，交替进行，双腿各 10 次为 1 组，每次练习 3～4 组为宜，保证每次动作标准到位。

（3）持哑铃半蹲起

手持哑铃于体前，两腿开立，慢速下蹲至大腿与地面平行，稍保持，然后缓慢起立，10～15 次为 1 组，每次练习 2～3 组为宜，保证每次动作标准到位。

（4）马步持哑铃提踵

马步，双手持哑铃于体侧，脚后跟起落 1 次为 1 次练习，10～15 次练习为 1 组，每次练习 2～3 组为宜，保证每次动作标准到位。

## 三、速度型职业的健身方法

速度是指人体快速运动的能力。速度型职业有很多种，如记者、演奏者、车间的包装员等。此类型工作都要在熟悉工作流程的前提下，加强所用身体部位的力量、韧带、灵敏性等练习。

### （一）下肢速度

**1. 高抬腿**

双腿交替抬起，大腿抬至与地面平行后迅速下压，以最快频率完成练习，30 次为 1 组，每次练习 2～3 组为宜。

**2. 小步跑**

以最小步长、最快频率跑动，10m 为 1 组，每次练习 2～3 组为宜。

**3. 绳梯练习**

双脚以不同方式，最快频率依次通过绳梯的每一个格子，一次为 1 组，每次练习 3～4 组为宜。

**4. 左右交叉步**

侧对跑进方向，左右脚快频率交叉前进，20～30m 为 1 组，每次练习 2～3 组为宜。

**5. 踩点**

地上画数个点，按要求依次踩点跑进，一般 20～30 个点为 1 组，每次练习 2～3 组为宜。

（二）手臂速度

**1. 搏击**

跟随教练或视频教学有针对性地进行手臂快速击打目标的练习，每次练习 20～30min 为宜。

**2. 健身操**

跟随健身教练或针对上肢运动的健身教学视频练习，多进行手臂快速变化的操化动作，每次练习 15～20min 为宜。

**3. 跳绳**

（1）双摇

当两脚跳起瞬间，两臂迅速摇绳两次，连续完成 20 次为 1 组，每次练习 2～3 组。

（2）编花

当绳摇到前上方时，两臂迅速体前交叉，同时向后快速抖腕，双脚立即跳起使绳通过，再摇至头上方时交叉两臂还原，跳 15 次为 1 组，每次练习 2～3 组为宜。

（三）手的速度

**1. 手波浪**

双手十指相扣，从左手向右手做“波浪”动作，再从右手向左手做“波浪”动作，连续完成 10 次为 1 组，每次练习 1～2 组为宜。

**2. 手腕屈伸、绕“8”字**

双手握拳做 1 次屈伸、1 次“8”字，连续完成 3 次为 1 组，每次练习 2～3 组为宜。

**3. 手的握张**

五指伸开后再握紧，左右手各 10 次为 1 组，每次练习 2～3 组为宜。

**4. 数字手势**

一手做“8”的手势，一手同时做“4”的手势；一手做“4”的手势，一手同时做“8”的手势……两手相互交换。重复 5 次为 1 组，每次练习 2～3 组为宜。

## 四、灵敏型职业的健身方法

### （一）平衡能力

（1）两人面对面站立，体前屈臂，虚实结合互相推，脚下不动，迫使对方失去平衡。
（2）各种站立平衡。如俯平衡、半推平衡、闭目单足平衡等。
（3）快速跑时听信号急停，维持平衡。

### （二）旋转的平衡能力

（1）用手扶住竖立的体操棒，松手转身击掌，再扶住体操棒，使其不倒。
（2）向上抛球转体 2～3 周再接球。
（3）跳转 360°，原地落地。
（4）闭目原地持续转 5～8 周，然后闭目沿直线走 10m。
（5）绕障碍曲线转体跑。

### （三）协调能力

（1）两人背向屈臂互挽，蹲跳前进、后退、跳转。
（2）脚步移动练习。例如，利用绳梯或敏捷圈进行前后、左右、交叉、侧滑步、跨跳步等快速移动。
（3）双人头上拉手向同方向连续转。
（4）操化动作练习（健美操、搏击操、徒手操等）。
（5）体操动作练习（前滚翻、后滚翻、侧滚翻等）。

### （四）跳绳练习

（1）“扫地”跳跃。练习者将绳握成多段，从下蹲姿势开始，用绳子做“扫地”动作，同时，两脚不停顿地跳过绳子。
（2）花样跳绳。如单摇、双摇、编花、开合跳、弓步跳、交叉跳、钟摆跳、弹踢腿跳等。
（3）跳长绳。如“8”字跳绳、单人连续过绳、双人拉手过绳、多人一起过绳等。
（4）跳多绳或多人跳单绳。如双绳双摇跳法、一带一、一带多等。

## 五、柔韧型职业的健身方法

韧带素质是指人体各个关节的活动幅度、肌肉和韧带的伸展能力。韧带素质是掌握运动技术的重要条件。

### （一）颈部、肩部和臂部柔韧

**1. 颈部、肩部**

（1）颈前屈

站立或坐立，双手头后交叉。呼气，向胸部方向拉头部，下颌接触胸部。动作保持 10s 左右。

（2）颈侧屈

站立或坐立，左臂在背后屈肘，右臂从背后抓住左臂肘关节。将左臂肘关节向右拉过身体中线。呼气，颈部右侧屈，使右耳靠近右肩。保持10s，改变动作方向重复练习。

（3）颈后屈

站立或坐立，小心地向后仰头，把双手放在前额，缓慢后拉颈部。要求动作缓慢，保持10s左右。

（4）团身颈拉伸

身体由仰卧姿势开始举腿团身，头后部和肩部支撑，双手膝后抱腿。呼气，向胸部拉大腿，双膝和小腿前部接触地面，保持10s左右。

（5）持哑铃颈拉伸

双脚并拢站立，右手持哑铃使肩部下沉。左手经过头顶扶在头右侧。呼气，左手向左侧牵拉头部，使头左侧向左肩靠近，保持10s，改变动作方向重复练习。

（6）背向压肩

背对墙站立，向后抬起双臂，与肩同高直臂扶墙，手指向上。呼气，屈膝降低重心，加大肩部牵拉力度，保持10s左右。

（7）向内拉肩

站立或坐立，右臂直臂向左，左臂屈肘制约右臂肘关节屈曲，左臂向后牵拉，右肩有牵拉感，动作保持10s左右。换臂练习。

（8）助力转肩

一只臂屈肘90°侧举，同伴帮助固定肘关节，向后推手腕，保持10s左右，换臂重复练习，互相练习时注意力度由轻到重，缓慢递进，避免受伤。

（9）握棍直臂绕肩

双腿并拢站立，双手握一木棍或毛巾在髋前部，宽度自行调节，越接近肩宽越好。吸气，直臂从髋前部经头上到髋后部。再经原路线绕回，重复练习。要求：直臂，速度不宜太快。

**2. 手臂和腕关节**

（1）背后拉毛巾

站立或坐立，右臂肩上屈臂，左臂背后屈臂。吸气，双手握一条毛巾逐渐互相靠近。最大限度保持10s左右，再换臂重复练习。

（2）跪撑正压腕

直臂跪撑，双手间距约与肩同宽，指尖向前。呼气，身体重心前移，最大限度保持10s左右，重复练习。

（3）跪撑侧压腕

直臂跪撑，双手腕部靠拢，指尖指向体侧。呼气，身体重心缓慢前、后移动。最大限度保持10s左右，重复练习。

（4）压腕

站立，左臂前平举，立掌，右手拉住左手四指，向后牵拉，最大限度保持10s左右，换手重复练习。

## （二）核心肌群及躯干柔韧性

### 1. 腰部和腹部

（1）跪立背弓

在垫上跪立，脚尖向后。双手扶在臀上部，形成弓背，臀部肌肉收缩送髋。呼气加大弓背，头后仰，逐渐把双手滑向脚跟。最大限度保持 10s 左右。

（2）体前屈蹲起

双脚并拢俯身下蹲，双手手指向前，掌心贴于脚两侧地面。躯干靠近大腿。伸膝至最大限度，保持 10s 左右。

（3）站立体侧屈

双脚左右开立，双手插握，掌心向上举过头顶向上伸臂。呼气，体侧屈至最大限度，保持 10s 左右，向身体另一侧重复练习。

### 2. 背部和胸部

（1）含胸、弓背练习

直立，吸气同时双臂侧平后拉，呼气同时双臂体前推，含胸、弓背，重复动作 5～10 次。

（2）跪拉胸

跪立，身体前倾，双臂前臂交叉置于合适高度的台子上。呼气，下沉头部和胸部，靠近地面，要求动作幅度大，保持 10s 左右。

（3）猫式

四肢跪撑于垫上。吸气，同时慢慢地将臀部翘高，腰向下微曲，形成一条弧线。目视前方，垂下肩臂，保持脊椎成一条直线，不要过分把头抬高。呼气，同时慢慢地把背部向上拱起，带动脸部转向下方，视线望向大腿位置，直至感到背部有伸展的感觉。重复 6～10 次。

## （三）腿部和踝关节

### 1. 脚部和踝关节

（1）跪姿后坐

跪于垫上，身体后倒，双手体后撑地，双脚并拢。呼气，向后下方移动臀部，臀部尽量压在脚后跟上，保持 10s 左右。

（2）下拉脚趾

坐立，将一条腿的脚踝放在另一条腿的大腿上。一只固定踝关节，另一只手抓住脚趾和脚掌，呼气，并向脚掌方向牵拉，保持 10s 左右，然后换方向练习。

（3）脚趾上部拉伸

两脚前后开立，前腿微屈膝，前脚掌支撑在地面，双手放在前侧大腿上。吸气，重心前移至支撑脚，缓慢下压。最大限度保持 10s 左右，然后换方向练习。

**2. 小腿**

(1) 体前、足背屈

两脚 30cm 前后开立,脚后跟不离地 。呼气,体前屈,双手触摸前脚,胸部贴在大腿上。要求双腿膝关节保持伸直,坚持 10s 左右,然后换腿练习。

(2) 跪拉脚趾

双膝跪地,脚趾向后,坐在脚后跟上,用一只手抓住脚趾前部向上拉引。保持 10s 左右,然后换方向练习(如膝关节受伤,则不能做此练习)。

(3) 分腿坐拉小腿

分腿、直膝坐在地面,上体前倾,双手抓住双脚掌。呼气,向髋关节的方向牵拉,同时踝关节内翻,保持 10s 左右。

**3. 大腿后部**

(1) 坐压腿

双腿坐于地面,一条腿屈膝,足底贴于伸展腿的内侧。呼气,上体前倾贴近伸展腿大腿,保持 10s 左右,再换方向练习。

(2) 仰卧拉引

仰卧屈膝,脚后跟靠近臀部。吸气,一条腿向上伸膝。呼气,将在空中伸直的腿向头部方向缓慢牵拉,保持 10s 左右。

(3) 坐拉引

坐在地面,双腿体前伸直。双手抓住一条腿的踝关节,使此腿直腿上抬,直到与地面垂直,保持 10s 左右,再换方向练习。

**4. 大腿内侧**

(1)"青蛙伏地"

分腿跪地,大腿前侧平面与地面垂直,大小腿保持 90°,踝关节外展,脚趾指向身体两侧,上体前压,前臂和肘关节撑地。呼气,继续向身体两侧分腿,同时上体前压,使胸和上臂靠近地面,最大限度保持 10s 左右。

(2) 扶墙侧提腿

双手扶墙站立,吸气,一条腿屈膝,由体侧分腿提起。同伴抓住其提起腿的踝关节和膝关节,帮助继续向上分腿提膝,同时呼气,保持 10s 左右,再换方向练习。

(3) 分腿坐体前屈

大幅度直腿分腿坐于地面,左手置于体前地面,右臂上举。呼气,上体尽量从髋部向左侧屈,感受大腿内侧的肌肉和体侧的牵拉感,保持 10s 左右,再换方向练习。

**5. 大腿前部单元**

(1) 扶墙上拉脚

一只手扶墙站立,一条腿屈膝,使脚靠近臀部。呼气,另一只手抓住屈膝腿提起的脚背,吸气,缓慢向臀部方向提拉,保持 10s 左右,再换方向练习。

(2) 仰卧拉引

垫上跪立,膝关节并拢,两脚置于髋侧,脚尖向后,呼气,身体缓慢后倒直至肩胛骨触垫,保持 10s 左右。

## 第二节 不同职业的运动处方

运动处方是针对人的健康状况或某些疾病,来确定体育锻炼的项目内容、强度、负荷、次数、时间和锻炼的注意事项等的处方。运动处方有很强的针对性和目的性,可根据不同职业特点有选择、有控制地通过体育锻炼增强体质、降低致病率。

### 一、久坐型职业的运动处方

财务、文秘等以“伏案型”为主的工作人员,或每天以坐为主,工作时间达 6～7h 以上的职业,可称为久坐型职业。此类工作人员,由于久坐,足背等下肢容易浮肿,直肠、肛管静脉回流受阻、静脉扩张,易引发痔疮,同时还常出现腰酸背痛、眼睛发胀等症状。针对此类职业特点与常见症状,可进行针对颈部、肩部及腰背部肌群的力量与柔韧性练习,还可以进行一些以有氧代谢为主的运动项目,弥补运动不足,消除身心疲劳。

#### (一)久坐型职业运动处方事例 1(表 5-2-1)

表 5-2-1 提高腰背部肌群力量的运动处方

| 性别:女　　年龄:30　　体重:60kg |
| --- |
| 运动目的:提高腰背部肌群力量 |
| 运动内容<br>(1) 热身练习:关节拉伸、健美操、腰背部的拉伸<br>(2) 腰背部力量练习:俯卧两头起 30 次、仰卧起坐 20 次、仰卧过顶举哑铃 10 次、仰卧“飞鸟”20 次、平板支撑 30s、仰卧两头起 10 次<br>(3) 放松练习:仰卧团身、拍打腰背部 |
| 运动强度<br>(1) 热身练习:心率控制在 110～120 次/min<br>(2) 力量练习:心率控制在 130～150 次/min<br>(3) 放松练习:心率控制在 90～110 次/min |
| 运动时间<br>(1) 准备活动:5～8min,使心率逐渐进入靶心率范围<br>(2) 基本部分:10～20min,每项练习中间可稍作休息<br>(3) 结束部分:5～8min,使心率恢复正常 |
| 运动频率:每周 2～3 次 |
| 注意事项:<br>(1) 做好热身练习和放松练习,量力而行,避免拉伤和疲劳堆积<br>(2) 选择适合自己的器械 |

（二）久坐型职业运动处方事例 2（表 5-2-2）

表 5-2-2　提高肩颈部肌群柔韧的运动处方

| 性别：男　　年龄：39　　体重：85kg |
|---|
| 运动目的：提高肩颈部肌群柔韧 |
| 运动内容<br>(1) 热身练习：慢跑、关节活动徒手操<br>(2) 基本练习：双手交叉置于头后，轻压迫使低头保持 12s、单手经头上扶另一侧头部轻压迫使颈部侧屈保持 12s、双手合十，两拇指向上将下颌抬起至最大限度保持 12s、肩膀最大幅度上提 12 次、正向最大幅度压肩保持 30s、侧向最大幅度压肩保持 30s、双手体后合十（指尖朝上）保持 12s<br>(3) 放松练习：按揉颈肌、穴旋肩膀 |
| 运动强度<br>(1) 热身练习：心率控制在 110～120 次/min<br>(2) 基本练习：心率控制在 120～130 次/min<br>(3) 放松练习：心率控制在 80～100 次/min |
| 运动时间<br>(1) 准备活动：5～8min，使心率逐渐进入靶心率范围<br>(2) 基本部分：10～15min，每项练习中间可稍作休息<br>(3) 结束部分：3～5min，使心率恢复正常 |
| 运动频率：每周 2～3 次 |
| 注意事项：<br>(1) 拉伸要循序渐进，避免突然拉伸造成拉伤<br>(2) 锻炼时穿宽松服装，以免影响拉伸 |

## 二、久站型职业的运动处方

护士、教师、前厅接待、售货员等，均需要在工作期间长时间站立，此类属于久站型职业。久站型职业人员因长时间站立，容易导致血液回流障碍，出现脚背浮肿、趾关节炎或静脉曲张等症状，还容易产生腰背部、下肢疲劳。针对此类职业特点，可进行一些下肢力量和腰腹力量的练习，还可进行体操、健美操、瑜伽练习。

（一）久站型职业运动处方事例 1（表 5-2-3）

表 5-2-3　提高下肢力量耐力的运动处方

| 性别：女　　年龄：29　　体重：61kg |
|---|
| 运动目的：提高下肢力量耐力 |
| 运动内容<br>(1) 热身练习：正压腿、侧压腿、提踵<br>(2) 基本练习：踏板操<br>(3) 放松练习：抱膝触胸、后屈腿拉伸、拍打腿部肌肉 |

续表

| 运动强度<br>(1) 热身练习:心率控制在 110～120 次/min<br>(2) 基本练习:心率控制在 120～150 次/min<br>(3) 放松练习:心率控制在 90～110 次/min |
|---|
| 运动时间<br>(1) 准备活动:5～8min,使心率逐渐进入靶心率范围<br>(2) 基本部分:10～15min,每项练习中间可稍作休息<br>(3) 结束部分:5～8min,使心率恢复正常,充分放松腿部肌肉 |
| 运动频率:每周 2～3 次 |
| 注意事项:<br>(1) 选择适合自己高度的踏板,运动强度逐渐增大<br>(2) 踏板操动作可以跟网络视频或教科书学习 |

（二）久站型职业运动处方事例 2（表 5-2-4）

**表 5-2-4　提高腰腹力量耐力的运动处方**

| 性别:女　　年龄:35　　体重:65kg |
|---|
| 运动目的:提高腰腹力量耐力 |
| 运动内容<br>(1) 热身练习:健身操、腰腹拉伸<br>(2) 基本练习:仰卧直腿上举 20 次、俯撑侧踢腿 10 次/侧、侧卧起坐 20 次/侧、俯撑后踢腿 15 次/侧、仰卧空蹬“车轮”30 次、瑜伽“船式”、分腿“V”字式、“虎”式、“猫”式<br>(3) 放松练习: 瑜伽尸解式、俯卧式、动物放松功 |
| 运动强度<br>(1) 热身练习:心率控制在 110～120 次/min<br>(2) 基本练习:心率控制在 120～150 次/min<br>(3) 放松练习:心率控制在 90～110 次/min |
| 运动时间<br>(1) 准备活动:5～8min,使心率逐渐进入靶心率范围<br>(2) 基本部分:15～20min,每项练习中间可稍作休息<br>(3) 结束部分:5～8min,使心率恢复正常,充分放松腿部肌肉 |
| 运动频率:每周 2～3 次 |
| 注意事项:<br>(1) 选择合适服装<br>(2) 拉伸不可急于求成,避免拉伤 |

## 三、其他类型职业的运动处方

有一些职业既是脑力劳动,又是体力劳动,是一种超常规的“非八小时”上班、无休假的特殊服务工作。他们通常持续工作十几个小时甚至几天,这样的长时间持续工作容易引起体能透支，损害健康，所以此类职业人员必须要有良好的心理素质和较强的抗压能力。针对这种职业可进行一些耐力和灵敏性训练以及心理素质训练，增强身体素质的同时提高应变能力和抗压能力。

其他类职业的运动处方事例如表5-2-5所示。

**表5-2-5　提高耐力的运动处方**

| 性别：男　　年龄：32　　体重：80kg |
|---|
| 运动目的：提高耐力 |
| 运动内容<br>(1) 热身练习：扩胸振臂运动、肩绕环运动、体转运动、体侧运动、俯背运动、提踵运动、弓步压腿运动、侧压腿运动、水中漂浮<br>(2) 基本练习：自由泳800m<br>(3) 放松练习：慢速仰泳50m |
| 运动强度<br>(1) 热身练习：心率控制在110～120次/min<br>(2) 基本练习：心率控制在130～170次/min<br>(3) 放松练习：心率控制在100～120次/min |
| 运动时间<br>(1) 准备活动：5～10min，使心率逐渐进入靶心率范围<br>(2) 基本部分：15～20min，游速逐渐增快<br>(3) 结束部分：5～8min，使心率恢复正常，充分放松腿部肌肉 |
| 运动频率：每周1～2次 |
| 注意事项：<br>(1) 充分做好准备活动<br>(2) 在练习过程中身体出现异常要立即停止练习 |

## 思考题

1. 常见提高耐力的方法有哪些？
2. 请制定一份改善久站型职业问题的运动处方。

# 第六章　职业与健康

职业是社会分工的产物，随着现代科学技术的发展，职业的分类也越来越精细。在紧张的工作状态下，身体和精神都会受到不同程度的影响，使身体处于亚健康状态，职业多发病的类型也越来越多。下面我们将学习预防和改善职业多发病的方法和常识。

**学习目标**

1. 了解职业类型的分类。
2. 掌握针对不同职业类型常见疾病的预防与改善方法。
3. 了解不同职业类型饮食的营养摄入及饮食注意事项。

## 第一节　不同职业类型常见疾病的预防与改善

不同的职业，对工作者有不同的要求，工作状态也因此各不相同。任何一种职业，都会因为长时间处于某种状态而产生各种各样的身体或心理疾病。各种职业工作状态诱发的疾病多数是类似的，因此，为了保证健康的身体和良好的生活状态，了解与自己职业相关的健康知识是非常必要的。

### 一、久站型职业常见疾病的预防与改善

#### （一）职业特点

工作状态下，工作人员的体位改变很少，长时间站立是久站型职业最典型的特点。站立时人体的大腿、小腿、腰背部、臀部肌肉都处于紧张收缩状态。站立性工作很容易使人产生腰背部和下肢疲劳。

#### （二）职业人群

从事教师、营业员、保安、厨师、交警、模特等职业的人群。

#### （三）常见疾病的预防与改善

**1. 下肢静脉曲张**

（1）主要症状

腿脚肿胀，常感酸、沉、胀痛，易疲劳、乏力。在踝部、足背可出现轻微的水肿，严重者

小腿下段可有轻度水肿。腿上还会出现像青筋一样的脉络，严重者腿还会变黑，出现湿疹、溃疡等疾病，渐渐无法站立，需要通过手术进行治疗。

(2) 致病因素

由于先天性血管壁膜比较薄弱或长时间维持相同姿势，血液长时间不能向心脏回流，导致下肢静脉中血液积聚较多。这些血液的堆积，会使静脉过度充盈，引起患者的静脉曲张，严重者还会伴有脚部或下肢的肿胀。

(3) 预防与改善

① 站立时两条腿轮换休息，并且经常进行提踵或下蹲练习，增强小腿肌肉的收缩，减少静脉血液的堆积。

② 用绷带包扎小腿，防止下肢静脉淤血扩张。

③ 休息时，抬高下肢缓解水肿等症状。

④ 休息时，用热水泡脚，消除疲劳，活血化瘀。

⑤ 用手掌揉搓小腿外侧肌肉，每侧揉动 20 次左右，然后以相同方法揉动另一条腿。

**小贴士**

人体 50% 的肌肉在双腿上，50% 的血液在双腿上，50% 的经络也在双腿上，因此腿部的健康对我们来说至关重要。

**2. 下背痛**

(1) 主要症状

下背痛是一种症状，而不是某一种疾病的诊断名称。

下背痛又称腰背痛，是指以下背、腰骶和臀部疼痛为主要症状的综合征，常伴有坐骨神经痛，疼痛向一侧或两侧下肢的坐骨神经分布区放射。下背痛容易间歇性出现，疼痛呈局限性或弥漫性，每次持续数天至数月不等，随运动而加剧。

(2) 致病因素

重复或静态的不良姿势、长时间的站立和重体力负荷是造成下背痛的主要危险因素。

(3) 预防与改善

减少下背痛的发生，预防重于治疗。

预防下背痛要注意以下几点。

① 保持正确的体态和姿势。站立时应维持适当的腰椎前弯角度，久站时应经常换脚，或者利用踏脚凳调整重心。

② 日常生活中注意保护背部，强化背部的核心肌肉群，增加肌力、矫正姿势。

③ 增强腹肌肌力，改善脊柱稳定性。

④ 增强骶棘肌，降低椎间盘内压、增加腰椎稳定性。

**3. 足跟痛**

（1）主要症状

足跟痛又称脚跟痛。主要表现为单侧或双侧足跟或足底酸胀或刺痛，时而会牵扯小腿后侧疼痛，病起缓慢，久躺或久坐后，疼痛加重，但经轻微活动后症状减轻；行走较多时，疼痛又明显，严重时影响走动。

（2）致病因素

往往发生在久立或行走工作者身上，由长期、慢性轻伤引起。行走时，巨大的牵拉力集中在跟骨下韧带上一个狭窄的区域内，反复的牵拉摩擦容易导致韧带和骨骼结合部位发炎，造成疼痛。

（3）预防与改善

① 尽量避免穿软、薄底布鞋。

② 用厚的软垫保护足跟部，也可以用中空的跟痛垫来空置骨刺部位，以减轻局部摩擦、损伤。

③ 经常做脚底蹬踏动作，增强跖腱膜的张力，加强其抗劳损的能力，减轻局部炎症。

④ 温水泡脚，有条件时辅以理疗。

## 二、久坐型职业常见疾病的预防与改善

### （一）职业特点

久坐型职业的工作性质决定了从事该类职业的工作者在工作中缺少运动，即使在休息时，也以坐或躺为主。长时间以静态坐姿进行工作，容易引起许多机体功能和结构的改变。据临床医学论证，静力坐姿劳动诱发慢性疾病的患病率达55%～60%，颈椎病、腰肌劳损、腕部综合征、肩周炎及视觉疲劳综合征的患病率高出其他人群。

### （二）职业人群

久坐型职业人群是指那些需要经常坐着上班，长时间面对计算机，长时间开车等的工作者。久坐族的分布人群有IT从业人员、会计、编辑、办公室职员、司机等。

### （三）常见疾病的预防与改善

对于久坐族来讲，其身体姿态不符合人体脊柱最佳受力状态，不同的坐姿体态可导致出现脊柱某区域肌肉骨骼力学负荷过重，久之则引发肌肉骨骼等组织劳损。2003年，世界卫生组织就指出，全球每年有200多万人因久坐而死亡，久坐因此被列为十大致死、致病的杀手之一。

**1. 颈椎病**

颈椎病是一种以椎间盘退行性病理改变为基础的疾病。是由于颈椎长期劳损、骨质增生或椎间盘脱出、韧带增厚，致使颈脊髓、神经根、椎动脉受压，交感神经受到刺激，而出现的一系列功能障碍临床综合征。

（1）主要症状

① 常伴有头、颈、肩背、手臂酸痛，颈部僵硬，活动受限等症状。

② 一侧肩背部有沉重感，上肢无力，手指发麻，肢体皮肤感觉减退，手握物无力，有时不自觉地握物落地。

③ 严重的典型表现是下肢无力，步态不稳，两脚麻木。

④ 再严重者甚至出现大、小便失禁，性功能障碍，甚至四肢瘫痪。

⑤ 有的伴有头晕，重者伴有恶心呕吐，卧床不起，少数可有眩晕，猝倒。

颈椎病多数起病时不被人们重视，且能自行恢复，时轻时重；当症状持续加重影响工作和生活时，不易逆转。如果疾病久治不愈，还会引发心理疾病，产生失眠、烦躁、易怒、焦虑、抑郁等症状。

(2) 致病因素

长时间伏案工作学习，头颈部处于单一姿势位置，颈部过分前屈易引发颈椎病。

(3) 预防与改善

① 在工作空闲时，加强颈肩部肌肉的锻炼，有利于颈段脊柱的稳定性，增强颈肩顺应颈部突然变化的能力。

② 纠正不良姿势和习惯，避免高枕睡眠，不要偏头耸肩；谈话、看书时要正面注视。要保持脊柱的正直。

③ 注意颈肩部保暖，避免头颈负重物，避免过度疲劳。

**2. 肩周炎**

肩颈痛主要痛点在肩关节周围，故称肩关节周围炎，简称肩周炎。

(1) 主要症状

肩颈持续疼痛，患侧上肢抬高、旋转、前后摆动受限，遇风、遇冷感觉有沉重隐痛。疼痛特点是胳膊一动就痛，不动不痛。发作严重时疼痛难忍，彻夜难眠。

(2) 致病因素

低头过度，且长期处于不良坐姿，肩部过于紧张，使肩部长期劳累，肩部组织形成慢性损伤性病变。加之遭受风、寒、湿的侵袭，筋脉不和，气血失调。关节囊和关节周围组织产生慢性炎症反应。

(3) 预防与改善

① 注意防寒保暖。

② 加强肩颈部的肌肉锻炼，加强对颈椎的保护。

③ 纠正不良坐姿和睡姿。

④ Codman 锻炼：侧身坐在椅子上，保持上半身挺直，将腋窝置于椅背上，然后慢慢摆动手臂画圈，由起初的小圆圈，逐渐画出更大的圆圈。

⑤ 伸展肩部。经常伸展肩部肌群，增加肩关节的延展性。

**3. 腰椎间盘突出**

(1) 主要症状

腰椎间盘突出症患者最多见的症状为疼痛。通常状态下，轻者表现为由腰部至大腿及小腿后侧的放射性刺痛或麻木感，直达足底部，一般可以忍受；重者则表现为由腰至足部的“电击”样剧痛，多伴有麻木感。疼痛轻者虽仍可步行，但步态不稳，呈跛行；腰部多前倾或以手扶腰才能缓解对坐骨神经的张应力。

（2）致病因素

由于腰椎间盘变性、纤维环破裂，髓核突出刺激或压迫神经根、马尾神经所表现出来的一系列临床症状和体征，是临床的常见病。引起腰腿痛最主要的原因，与长期坐位劳损，椎间盘退化有关，如长期处于某一体位不变，即可导致局部的累积性损伤，特别是长期处于不良姿势更容易诱发此病。重体力劳动者发病率最高，白领劳动者发病率最低。

（3）预防与改善

① 保持良好的生活习惯，防止腰腿受凉，防止过度劳累。

② 站、坐姿势正确。胸部挺起，腰部平直，使椎间盘受力均匀。同一姿势不宜保持太久，适当进行原地活动或腰背部活动。

③ 压腿弯腰的幅度不要太大，避免造成椎间盘加重突出。

④ 提重物时不要弯腰，应该先蹲下拿起重物，然后慢慢起身，尽量做到不弯腰。

**小贴士**

汽车驾驶员由于长期处于颠簸和振动状态，椎间盘承受的压力大且反复变化（50～100kPa），如反复踩离合器（100kPa）也易诱发椎间盘突出。同时震动会降低椎间盘营养代谢，对微血管产生的影响也可加速椎间盘突出。

**4. 腕管综合征**

腕管综合征是由于腕部正中神经受到伤害而引起的一种神经病症。

（1）主要症状

食指、中指疼痛、麻木，拇指肌肉乏力，一般夜间发病较重，最终可能会导致神经受损和手部肌肉萎缩。

（2）致病因素

腕管综合征可由多种病因引起，多数病人是由手、腕部活动过度所致。腕部的腕骨和腕横韧带共同组成了一个管状结构，即腕管，如图 6-1-1 所示。当正中神经穿过腕管时，会因为受到卡压而导致一定程度的感觉神经和运动神经障碍。

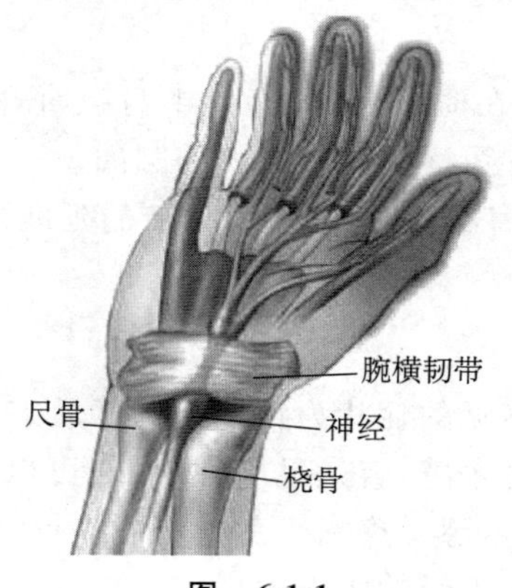


图 6-1-1

（3）预防与改善

① 保持良好坐姿，工作或休息时手和手腕保持正确的姿势。

② 手及腕劳动强度大时应注意休息，在劳动前要充分活动腕关节、劳动后要充分放松腕关节。

③ 注意局部保暖，避免寒冷刺激和过度伸屈。

④ 经过治疗后，为防止复发，应避免长时间做手、腕强度较大的活动。

⑤ 局部热敷或按摩。在掌横纹中点用力按摩，15min/次，1 日 3 次。

**5. 计算机眼病**

（1）主要症状

视力下降，眼睛有干涩、发痒、灼热、疼痛和畏光等症状，或伴有疼痛。

（2）致病因素

长期使用计算机，或工作压力大、身心疲乏等。

（3）预防与改善

① 适当缓解工作压力，降低身体其他器官承受的压力。

② 注意休息。每使用计算机 2h 要休息 10～15min，可远看窗外景色，也可闭目养神，减少近距离用眼。

③ 勿让窗外光线和室内灯光在屏幕上造成反光。可在计算机屏幕前加装专门的微滤网或配戴护目镜；注意定期清洁屏幕，以增加可视度。

④ 计算机屏幕越大，目视距离应越大。例如，眼睛与 14in 屏幕距离最少要保持 60cm，与 15in 屏幕最好保持 70cm 的距离。

## 三、经久高度注意力型职业常见疾病的预防与改善

### （一）职业特点

在工作过程中，长时间保持高度精神集中，工作节奏快、神经紧张、用脑频繁，体力活动较少；紧张的脑力劳动及精神负担，会导致神经衰弱和一些心血管疾病，心理负荷逐步加大。

### （二）职业人群

即在工作中保持长时间的高度注意力的工作者。如科研人员、医生、咨询师、律师、飞行员、司机、程序员等脑力劳动者。

### （三）常见疾病的预防与改善

**1. 心血管疾病**

心血管疾病是一系列涉及循环系统的疾病，主要包括心脏、血管（动脉、静脉、微血管）等器官。此类疾病一般细分为急性和慢性，都与动脉硬化有关。

（1）主要症状

胸部有不适感或疼痛感；手臂、左肩、肘部、颌部或背部有不适感或疼痛感。此外，病

人可能感到呼吸困难、胸闷、气短、恶心、呕吐、头晕、昏厥、出冷汗并伴有面色苍白等症状。

（2）致病因素

缺乏运动、压力大、情绪不稳定等，从而影响神经系统，造成体内器官运行紊乱，增加心脑血管疾病的风险。

（3）预防与改善

均衡营养，定时定量合理饮食。在合理膳食的基础上补充适量的维生素、矿物质等，同时充分休息、保障睡眠。

**2. 用脑过度**

（1）主要症状

用脑过度是指因过度用脑而出现的一系列症状，如头昏眼花、听力下降、耳壳发热；四肢乏力、嗜睡；注意力不能集中、记忆力下降、思维欠敏捷、反应迟钝；恶心、呕吐；学习和工作效率降低等，称为过度用脑综合征。长期用脑过度不注意调整，可能会诱发神经衰弱、失眠等疾病。用脑过度会引起植物神经功能失调，从而引起脑血管舒缩功能异常，供血不足，出现头晕、头痛、胸闷等症状。

（2）致病因素

工作状态下专注于解决问题，身体疲劳导致脑力下降。而大脑长期处于高度集中的状态，脑力消耗过大。

（3）预防与改善

① 适量运动，可以有效快速地抑制思维中枢，使其得到休息。

A. 坐在椅子上，手按着头部，并用力把背伸直，然后低头含胸放松，如此反复进行5次，可以舒展头部、肩部、上背部的肌肉，以消除疲劳。

B. 分别用双手敲打自己的头背、肩膀、腰部，如此各敲打5次，缓解肩颈部的肌肉紧张，消除疲劳，促进头部的血液循环。

C. 手臂下垂放松甩臂，如此反复做5次，可以舒展肩膀和手臂的肌肉，消除疲劳。

② 劳逸结合，合理用脑。用脑时间不要过长，工作间隙要参加一些体育活动，使大脑各部分轮流休息。

③ 变换脑力活动的内容，不同工作交替进行。

**3. 原发性高血压**

（1）主要症状

起病隐匿，进展缓慢，病程长达十多年至数十年，初期症状很少，偶尔血压增高，当知道患有高血压后，反而会产生各种各样神经性症状，如头晕、头胀、失眠、健忘、耳鸣、乏力、多梦、易激动等。

（2）高发人群

从事脑力劳动和紧张工作的人群，城市居民较农村居民患病率高，且发病年龄早。

（3）预防与改善

① 减轻体重。超重和肥胖是高血压的主要危险因子，要注意适当控制饮食，增加运动量。

② 合理膳食。减少钠、脂肪的摄入，适当增加钾、钙、镁的摄入。
③ 控制饮酒。预防高血压，最好不饮酒；有饮酒习惯者，应戒酒或尽量少饮酒。
④ 增加体力活动。坚持经常性的体力活动，尤其是有氧运动。
⑤ 心理平衡。正确对待和缓解心理压力，采取正确的生活方式。

**小贴士**

BMI 是与体内脂肪总量密切相关的指标，该指标考虑了体重和身高两个因素。BMI 简单、实用、可衡量人体胖瘦程度以及是否健康。在测量身体因超重而面临心脏病、高血压等风险时，BMI 指数比单纯地以体重来认定，更具准确性，BMI 指数对比表如表 6-1-1 所示。

**表 6-1-1　BMI 指数对比表**

| BMI 分类 | WHO 标准 | 亚洲标准 | 中国参考标准 | 相关疾病发病的危险性 |
|---|---|---|---|---|
| 体重过低 | ＜18.5 | ＜18.5 | ＜18.5 | 低(但其他疾病危险性增加) |
| 正常范围 | 18.5～24.9 | 18.5～22.9 | 18.5～23.9 | 平均水平 |
| 超重 | ≥25 | ≥23 | ≥24 | 增加 |
| 肥胖前期 | 25.0～29.9 | 23～24.9 | 24～26.9 | 增加 |
| Ⅰ度肥胖 | 30.0～34.9 | 25～29.9 | 27～29.9 | 中度增加 |
| Ⅱ度肥胖 | 35.0～39.9 | ≥30 | ≥30 | 严重增加 |
| Ⅲ度肥胖 | ≥40.0 | ≥40.0 | ≥40.0 | 非常严重增加 |

## 四、局部力量型职业常见疾病的预防与改善

### (一) 职业特点

工作时间长，局部肌肉重复性用力是该职业最典型的特点。在工作中，长时间处于工作体位会引起肌肉酸痛、肌肉劳损甚至更严重的病症。

### (二) 职业人群

出现此类疾病的人群主要有：计算机工作者、打字员、文员、数据条目专业人、装配线的工人、外科医生、护士、牙医、裁缝、厨师、清洁工人、抄写员、搬运工人、修理工、司机等。

### (三) 常见疾病的预防与改善

**1. 脊椎病**

(1) 主要症状

脊椎病就是脊椎的骨质、椎间盘、韧带、肌肉发生病变，进而压迫、牵引刺激脊髓、脊神

经、血管、植物神经从而出现复杂多样的症状。常见病种为颈椎病、腰椎病。主要表现为不能直立、头痛、眩晕、视力模糊、记忆力下降、颈肩酸痛、食欲不振、反胃、呕吐、下肢无力，严重者可能会瘫痪。

（2）致病因素

长时间处于同一体位或者以不正确的姿势进行劳动或工作。

（3）预防与改善

① 保养骨骼，加强防护。

② 避免肥胖。肥胖会给脊椎带来过大的负荷，迫使脊柱变形。

③ 学会放松。紧张可使血液中激素增多，促使腰间盘肿大而导致腰痛，而心情愉快是防治脊椎病的良方。

④ 矫正坐姿。坐立时尽量使背部紧靠椅背，以使腰部肌肉得以放松和休息。写写停停，向后伸腰，也是预防腰痛的好方法。

⑤ 睡硬板床。

⑥ 选择合适的运动。如游泳、散步、骑自行车等，减少如跳水、打棒球、打高尔夫球、体操等运动。

**2. 重复使力伤害**

（1）主要症状

重复使力伤害，或称重复性劳损、重复性动作的伤害，是指因长时间重复使用某组肌肉造成的损害。打字、在装配线工作、某些球类运动（棒球、网球、高尔夫球）都可能导致重复使力伤害。它是常见的职业病。疼痛、肿胀、僵硬和易累等都是该病的病征。

（2）致病因素

长期重复、用力或者笨拙的动作会造成累积性创伤疾病，再加上不良的工作姿势、不合理的家居、设计不佳的键盘鼠标等多重原因，引起肩膀、颈部、前臂和手部的肌肉、肌腱和神经脉管的损伤，导致患者感到疼痛、无力、麻木或者运动机能受损。

（3）预防与改善

① 定时休息，做伸展运动。

② 保持良好的身体姿态。

③ 采用符合人体工学原理的工具。

④ 使用脚凳、腕枕。

⑤ 调整键盘、椅子和屏幕到适合的高度。

## 五、枯燥重复型职业常见疾病的预防与改善

### （一）职业特点

从事枯燥重复型职业的工作者在工作过程中，长时间保持精神高度集中，每天面对相同状况，用同一种思考模式、同一种方式来处理工作。由于长期使用某一部位进行固定的、连续的工作，会导致部分肌肉畸形生长或劳损，而使其他部分肌肉萎缩并逐渐失去应有的功能。

（二）职业人群

从事体力劳动的蓝领阶层，在办公室工作的白领阶层、音乐家、钢琴手或提琴手、运动员，如网球选手等。

（三）常见疾病的预防与改善

**1. 手腕部重复性工作压力并发症**

（1）主要症状

手腕部重复性工作压力并发症是指手腕部位的神经由于承受过度重复性工作，而出现的问题，情况严重者连握笔、刷牙都会感到疼痛。

（2）致病因素

据研究工作对于人体影响的专家指出，坐在键盘前工作，看似轻松，实则肌肉所受到的压力超乎其他职业。单是端坐在键盘前准备好操作计算机，就需要手臂与肩部肌肉的收缩，而此种姿势有碍于血液的流通。如果姿势不正确，则肩颈的工作会更为辛苦，日积月累就会使肩颈肌肉因长期紧张而患病。

（3）预防与改善

① 使用计算机前先为手指做暖身操，首先用力握拳持续10s、十指全力伸展持续10s，反复做10次，可以增加肌腱的柔软度。

② 应坐在计算机屏幕及键盘的正前方，注意身体自然挺直、略微前倾、双脚踏地，膝盖高度略低于髋关节。

③ 键盘勿放置过低，高度以能使手臂于自然下垂的状态下使用为准，前臂应与手腕角度平行。

④ 不要过于用力敲打键盘及鼠标的按键，力道适中即可，以免造成“扳机指”。

⑤ 理想办公桌面的高度离地66～81cm，键盘离地高度68～78cm，屏幕离地高度84～106cm，眼睛到屏幕的距离38～76cm。

⑥ 避免悬空打字，放置鼠标软垫减轻手肘的压迫感，有助于预防“网球肘”“腕隧道症候群”。

⑦ 工作中适度休息，每工作30min就停下来，做一些简单的伸展运动。

**2. 抑郁症**

（1）主要症状

抑郁症是一种常见的精神疾病，主要表现为情绪低落、兴趣减退、悲观、思维迟缓、缺乏主动性、自责自罪、饮食差、睡眠差、担心自己患有各种疾病，严重者可出现轻生的念头和行为。

（2）致病因素

每天重复相同的、类似的工作，人就会变得对生活没有热情，情绪也会慢慢变得低落，长期持续下去会引起强烈或者（和）持久的不愉快的情感体验，导致抑郁症的产生。

（3）预防与改善

① 保持心情舒畅，有乐观、豁达的精神。

② 注意保持充足的睡眠，避免过度劳累，保持规律的生活。

③ 饮食注意多食用清淡、富含营养的食物，注意膳食平衡。

④ 培养兴趣爱好，提高生活情趣。

## 六、高空作业型职业常见疾病的预防与改善

### （一）职业特点

高空作业时，高度较高，而且有坠落危险。职业人群具有一定的观察、判断、推理能力和良好的空间感知能力，手指、手臂灵活，动作协调，并在高空作业时无恐高感。

### （二）职业人群

从事高空作业的人群主要包括：火电施工工人、建筑工人、外墙装修工人、防腐工程师、高空平台作业人员、检修安装工等。凡是工作高度超过 2m 的都叫高空作业。

### （三）常见疾病的预防与改善

**1. 肾结石**

（1）主要症状

肾结石最主要的症状之一就是疼痛。常位于患者的脊肋角、腰部、上腹部，多数呈阵发性，也可为持续性。临床主要表现为腰部酸胀不适、钝痛，活动或劳动可促使疼痛发作或加剧。此外，严重者面色苍白，出冷汗、脉细而速，以至血压降落呈休克状态。同时多伴有恶心呕吐、腹胀便秘等症状。绞痛发作时，尿量减少，缓解后可有多尿现象。

（2）致病因素

工作繁忙，长时间处于高空作业状态，不能按时给身体补充水分，会导致体内水分减少，尿液浓缩，容易引发结石病；平时喜欢吃高脂肪、海鲜类食物，缺乏运动量的人也比较容易患肾结石。

（3）预防与改善

① 增加工作间歇，多饮水，以增加尿量。

② 根据热量的需要摄入适量的营养，限制蛋白质的摄入量、控制精制糖、钙的摄入，忌食菠菜、动物内脏等食物。

③ 补充纤维素，加食米糠等。

**2. 高血压**

（1）主要症状

早期多无症状，在精神紧张、情绪激动或劳累后有头晕、头痛、眼花、耳鸣、失眠、乏力、注意力不集中等症状。早期血压仅暂时升高，随病程加剧血压持续升高，脏器受压过大。

（2）致病因素

人们处于紧张状态时，神经系统会发出信号，促使肾上腺素分泌量增加，使心跳加快、血管收缩、暂时性血压增高。当从高处回到地面后，紧张心情得到缓解，脉搏、血压会逐渐恢复到原有水平。但长期从事高空作业者，尤其是二级以上的高空作业，所引起的精神紧张长期得不到缓解和消除，由紧张引起的血压升高也得不到恢复，因此从事这种行业的人

群的高血压发病率会随工龄增长而明显增高。

(3) 预防与改善

① 改变不良生活习惯和嗜好。饮食低盐、戒烟、限酒,保持清淡均衡的饮食,多食高纤维食物,少食甜食和高胆固醇食物。

② 适当运动。如达到一定速度的步行、骑车、体操、游泳等。

③ 控制体重。有规律的作息,保证睡眠时间,舒缓精神紧张。

④ 服用有利于血管通畅、净化血液的保健品。

⑤ 少食盐。控制盐的摄入,因为盐的摄入量与高血压是呈正相关的,即人体中盐摄入量越多血压水平就越高。日均摄盐量每增加 1g,平均高压上升 2mmHg,低压上升 1.7mmHg。

## 七、狭小空间型职业常见疾病的预防与改善

### (一) 职业特点

工作空间狭小、环境阴暗、缺乏阳光照射、工作地点不固定。在工作中,活动受限,身体姿态也由于空间狭小而不能正常站立、行走或需要弯腰工作。工作时间长,劳动强度大。特别容易劳累疲乏、体能下降、反应迟缓,极易引起烦躁情绪。

### (二) 职业人群

采矿工、管道工、飞行员、空乘人员等在密闭狭小的空间中完成工作的人群。

### (三) 常见疾病的预防与改善

**1. 脊柱侧弯**

(1) 主要症状

成年人的脊柱侧弯,多指特发性的脊柱侧弯,脊柱结构基本没有异常,由于神经肌肉力量的失衡,导致脊柱原来应有的生理弯曲变成了病理弯曲,即原有的胸椎后凸变成了侧凸等。

(2) 致病因素

肩和骨盆的倾斜,长期不对称姿势,优势手、下肢不等长,肌肉凹侧组织紧张,凸侧组织薄弱、被牵拉。

(3) 预防与改善

矫正练习要加强肌力,恢复脊柱周围肌力的平衡。脊柱向左侧弯便加强左侧肌肉力量,向右侧弯便加强右侧肌肉力量。

① 手拉肋木体侧屈。侧对肋木站立,一手拉住肋木,另一手上举,做体侧屈,练习 3 组,每组 30～50 次。要求抬头、挺胸、收腹,上体不能前倾。

② 俯卧,屈臂,两前臂与肘关节作支撑,将脊柱侧弯一侧的腿用力向上抬起,同时另一侧手臂向前伸直,保持 3～4s,再还原。练习 3 组,每组 10～15 次。

③ 两腿开立,侧弯一侧的手臂自然下垂,另一侧手臂肩侧屈抱头,上体向侧弯一侧弯

曲，侧屈方手臂沉肩向下至最低，保持3s，还原。练习3组，每组10～15次。或侧弯一侧手臂提一重物（如哑铃、书包等）进行练习。

④ 向脊柱侧弯方向侧卧，两臂屈臂撑地，外侧腿用力向肩侧方踢腿至最大限度，再还原，练习25～30次。要求踢腿时身体要正，踢腿幅度要大。

**2. 关节疼痛**

（1）主要症状

关节疼痛主要表现为由骨关节炎、类风湿性关节炎、关节外伤、化脓性关节炎、结核性关节炎及发热性疾病等导致的关节疼痛、红肿、炎症和活动受阻、功能受限。轻者因疼痛影响活动与睡眠，重者严重影响工作与生活。

（2）致病因素

关节疼痛主要是由关节炎或关节病引起的。关节疼痛牵涉范围非常广泛，且种类繁多。由于作业空间狭小，常处于不良体位，因此关节容易劳损。关节部位活动量相对较大时，也常导致关节周围的肌肉等软组织出现劳损，进而引起疼痛。

（3）预防与改善

① 加强锻炼，增强身体素质。如练气功、太极拳，做广播体操、保健体操，散步等。

② 避免风寒湿邪侵袭。关节处要注意保暖，不穿湿衣、湿鞋、湿袜等。

③ 工作中劳逸结合。在工作中，经常变换体位，避免身体长时间保持相同的姿势。

④ 预防和控制感染。有些类风湿性关节炎是在患了扁桃体炎、咽喉炎、鼻窦炎、慢性胆囊炎、龋齿等感染性疾病之后而发病的。所以，预防感染和控制体内的感染病灶也十分重要。

**3. 腰肌劳损**

腰肌劳损又称功能性腰痛或腰背肌筋膜炎，主要是指腰骶部肌肉、筋膜等软组织慢性损伤。发生在腰部的劳损称为腰劳损；发生在背部的，则称为背部劳损；两者情况同时存在的，则称为腰背部劳损。两者常呈延续状发生，因其是逐渐形成的，所以又有慢性腰背部劳损之称。

（1）主要症状

① 腰部酸痛或胀痛，部分刺痛或灼痛。

② 劳累时加重，休息时减轻；适当活动和经常改变体位时减轻，活动过度时又加重。

③ 不能坚持弯腰工作。常伸腰或以拳头击打腰部以缓解疼痛。

④ 腰部有压痛点，多在骶棘肌处，髂骨脊后部、骶骨后骶棘肌止点处或腰椎横突处。

⑤ 腰部外形及活动多无异常，也无明显腰肌痉挛，少数患者腰部活动稍受限。

（2）致病因素

腰椎病是腰椎受到损害。是需要经常弯腰、提重物的工作者腰部肌肉长期处于被牵拉状态，使小血管受压，供养不足，代谢产物堆积，刺激局部而形成的损伤性炎症。

（3）预防与改善

① 工作时经常变换体位，纠正不良姿势。

② 加大腰背肌及脊椎间韧带的锻炼和保护。

## 八、灵敏需要型职业常见疾病的预防与改善

### （一）职业特点

灵敏需要型职业，工作状态灵活多变且变化频率快，工作方法多样，同时对准确度要求较高。需要工作人员有较好的灵敏素质，在各种突然变化的条件下，能够迅速、准确、协调、灵活地完成工作。

### （二）职业人群

灵敏度不仅包括身体灵敏，也包括手指的灵活。运动员、舞蹈健身者、跑酷者等，都属于灵敏需要人群，美容美发师、乐器弹奏者、手工业者等都需要有灵活的手指来完成工作。

### （三）常见疾病的预防与改善

**1. 腕部肌腱炎**

（1）主要症状

多发生于腕背侧，少数在掌侧。伴有疼痛的关节僵硬，受累关节的运动受到限制。偶尔关节轻微肿胀，持续疼痛。

（2）致病因素

对于以手部劳动为主的工作者，由手腕部长时间活动，肌腱血液供应不良和反复遭受轻微外伤而导致。反复的手腕部肌腱劳损、过劳（由于不适应）运动等，为最常见的可能致病原因。

（3）预防与改善

① 注意常用肌肉的休息，但避免休息过久，以免肌肉萎缩。

② 用温湿的毛巾热敷手腕部位。

③ 活动前先伸展肌肉。

④ 用冰块消肿止痛。

⑤ 做动作时要平静、舒展，经常变换运动方式。

**2. 手指腱鞘炎**

（1）主要症状

常发生在手指的掌面，患指出现红、肿、痛、热征象，呈屈曲状，手指伸直就会引起疼痛。

（2）致病因素

腱鞘具有维持手指正常屈伸和肌腱滑动的功能。当手部固定在一定位置做重复、过度活动时，肌腱和腱鞘之间经常会发生摩擦，以致水肿、纤维性变，引起内腔狭窄。由于肌腱在腱鞘内活动时，通过的径道狭窄，从而出现疼痛和运动障碍。

（3）预防与改善

① 劳动后用温水洗手，自行按摩放松。

② 注意防寒，少触碰凉水。

③ 轻握拳头，缓慢张开伸直，反复练习，缓解刺痛。

# 第二节　对不同职业的营养提示

## 一、对互联网一族的营养提示

互联网工作人群，久对计算机工作，不仅身体会受到辐射，而且长时间注视显示器，眼睛也会受到不同程度的损伤。同时由于工作原因，长期精神高度紧张，大脑疲劳得不到休息；长期一个姿势工作，活动空间受限，也会有其他不良反应，如自主神经失调、抑郁症等。因此，互联网一族在膳食安排上应注意以下几点。

### （一）营养摄入

（1）加强蛋白质的补充。蛋白质中含有丰富的氨基酸，氨基酸能够使人精力充沛、理解力增强、注意力集中，因此应加强蛋白质的补充，以获得足够的氨基酸。瘦肉、豆制品、鱼、奶、蛋等都是富含优质蛋白质的食物。

（2）增加碳水化合物的摄入。碳水化合物是能量的主要来源，充足的能量供给有利于提高人体对电磁辐射的耐受力、降低敏感性，从而减轻损伤，保护身体。谷物中的碳水化合物是人体所需能量的主要来源，因此每餐可以粮谷类和薯类为主食。

（3）注意补充抗氧化活性物质。抗氧化活性物质，可以减轻计算机辐射导致的过氧化物反应。新鲜水果和蔬菜中不仅富含抗氧化活性物质，而且其中含有的碱性成分可以溶解沉淀于细胞内的毒素。

（4）注意维生素、钙的补充。维生素和矿物质都是保护眼睛、缓解疲劳的必需物质。

（5）多食含纤维素高的食物。

### （二）饮食注意事项

（1）饮食宜清淡、少盐。高脂、高糖不仅会加速眼疲劳、视力模糊，还会诱发心脑血管疾病。

（2）每天多饮水。多饮菊花茶和绿茶，能够保护视力，减少计算机显示器的辐射危害；茶中富含的茶多酚和脂多糖等成分可以吸附和捕捉放射性物质，并与其结合后排出体外。

（3）不宜吃得太饱。吃得过饱后，大脑中有一种叫“纤维芽细胞生长因子”的物质会明显增加，使大脑节奏减慢，效率降低。

（4）糖分的摄入不宜过多。体内糖分过多，可使体液改变其碱性的正常状态，成为酸性体质，引起脑功能下降，精神不振、记忆力涣散、反应迟钝等。

## 二、对办公室人员的营养提示

对于办公室人员来说，久坐已经成为主要的工作方式之一。因此，久坐给上班族带来了诸多的健康问题，虽然久坐的上班族没有进行过度的运动或者体力活动，但由于颈、肩、腰、背部持续保持固定姿势，因此特别容易疲劳。此外，由于缺乏运动，也会出现肠胃问题，如消化系统功能减退引起的肥胖、便秘和痔疮等疾病，从而给健康带来隐患。所以，久坐的办公室人员一定要合理膳食。

#### （一）营养摄入

（1）多吃富含膳食纤维的食物。膳食纤维可以通过肠腔吸附从体外进入和体内制造的有害物质，还能吸收并保持大量水分，增加肠蠕动，促进排便，防止便秘发生。

（2）注意维生素 D 的补充。整天待在办公室，日晒的机会少，易缺乏维生素 D 而患骨质疏松，因此应当在日常饮食中增加维生素 D，促进钙的吸收。多食海鱼、鸡肝等富含维生素 D 的食物。

#### （二）饮食注意事项

（1）膳食营养均衡。在日常饮食中适当控制脂肪的摄入，减轻肠胃的负担。通过饮食摄入的各种营养比例要恰当。

（2）饮食清淡。刺激性较重的食物，容易伤害胃肠黏膜，引起胃疼、腹泻等症状，从而诱发肠胃病，导致痔疮出血。因此对于久坐的人来说，要多吃胡萝卜、西红柿、梨、银耳等食物。

（3）养成良好的饮食习惯。一定要吃早餐，不可空腹，以免饥饿感过强，导致工作效率低。

### 三、对营销工作人员的营养提示

在市场经济高度发展的今天，营销业务人员成了企业自主经营、创造利润的最佳武器，因此营销人员的身影随处可见。经常奔波劳累，餐不定时，甚至有时为了满足客户的一个小要求而废寝忘食。这样不规律的作息，极易引发营养不良，从而诱发各种慢性病。因此，营销工作人员要非常注意自我保护和饮食营养，以减轻工作所带来的不良影响。

#### （一）营养摄入

（1）增加能量的摄入。营销工作人员在工作时，体力和脑力活动消耗了大量的能量，应及时补充一些热量高的食物。

（2）注意补充优质蛋白质。可以考虑以动物性蛋白为主，多食动物肝脏、瘦肉、鸡、鱼等。

（3）注意维生素的补充，尤其是 B 族维生素。维生素 B 能够维持神经系统的正常功能，并促进消化。可多食用玉米、麦片、小米、香菇、牛奶、瘦肉、绿色蔬菜及水果等食物。

#### （二）饮食注意事项

（1）多食护肝食物。营销工作人员，为了增加业务量难免与客户喝酒，因此在日常饮食中应注意对肝脏的保护。

（2）提防夜餐综合征。晚餐不宜过晚、过长，一是过晚人体吸收能力增强，容易发胖；

二是破坏了人体正常的生物钟，容易导致失眠。

（3）食速过快。很多办公室一族的午餐，都是在非常匆忙的状态下吃完的。进食速度过快，食物未得到充分咀嚼，不利于口中食物和唾液淀粉酶的初步消化，会加重肠胃负担；咀嚼时间过短，迷走神经仍在过度兴奋之中，长此以往，容易因食欲亢进而肥胖。

## 四、对商场工作人员的营养提示

在商场工作的上班族，由于长时间站立，饮食不规律，缺乏运动，久不见阳光，因此会有诸多的健康问题。例如，由于长时间站立而引起的腰背部疾病、下肢静脉曲张等；由于饮食不规律而引起的肠胃功能不适、内分泌紊乱等；由于久不见阳光而引发的骨质疏松症。所以，在日常生活中，除了合理的锻炼外，在饮食习惯、营养搭配方面也要合理选择。

### （一）营养摄入

（1）重视维生素（尤其维生素D）和钙、磷的补充。维生素D不仅能够提高机体对钙和磷的吸收，还能够调节钙代谢、促进钙吸收和骨组织形成。因此在饮食中，应多摄入富含维生素和钙、磷的食物。如牛奶、奶酪、鸡蛋、豆制品、海带、紫菜、虾皮等。

（2）补充适量的蛋白质。适量的蛋白质和热量是骨骼生长所必需的，可以预防和改善骨质疏松症。

### （二）饮食注意事项

（1）不喝碳酸饮料。碳酸饮料中含有大量的碳酸钙，碳酸钙可软化骨骼，导致骨密度下降。

（2）避免高钠饮食。减少盐的摄入量，少吃腌制食物，如榨菜、腊味、罐头食品等，减少钙质的流失。

## 五、对机械工人的营养提示

机械工人是指在机械制造类工厂车间的操作者，他们在工作中经常会接触一些有害化学物、硬件切割产生的噪声污染以及粉尘危害，为了防止身体遭受化学污染，减轻工作环境对身体造成的危害，在饮食中应注意以下几点。

### （一）营养摄入

（1）补充必要的蛋白质。蛋白质是对抗病原体感染的关键物质，是发挥免疫能力的重要物质抗体，与重金属结合有利于重金属的排出。应多食用如鸡蛋、鸡肉、瘦肉、牛奶、鱼类、豆制品等食物。

（2）增加抗氧化营养素的摄入。例如，β-胡萝卜素、维生素C、维生素E及微量元素硒等。经常食用菌类，调节免疫功能。例如，香菇、蘑菇含香菇多糖、蘑菇多糖，可以增强人体抵抗粉尘危害的能力，缓解其引起的呼吸系统不适。

（3）注意维生素B的补充。在噪声环境中，人体内的B族维生素消耗量很大，缺少维生素B时，细胞功能就会降低，引起代谢障碍，因此，要多食用富含B族维生素的食物，如小米、燕麦、玉米等。

### （二）饮食注意事项

（1）饮食清淡，不宜过饱、过咸、过甜，忌生冷、酒、辛辣等刺激性食物。

（2）饮食要确保各种营养素的充足和平衡。

（3）工作中应大量补水，以利于身体的排毒。

## 六、对粉尘工人的营养提示

粉尘是指能较长时间悬浮在空气中的微小固体颗粒，人类各种工农生产活动均可产生大量粉尘。任何粉尘对人的健康都是有害的，对于呼吸道和肺部的损害最大。粉尘工人长时间处在有浮游固体颗粒的工作环境中，会吸入过量的粉尘，严重损害身体健康，很容易出现呼吸道疾病、肺疾病。下面分享一些粉尘环境工作者的饮食保健经验。

### （一）营养摄入

（1）增加有机酸、纤维素、果胶和矿物质等的摄入。

（2）注意维生素A、维生素C的摄入。维生素A、维生素C可增强上呼吸道防御体系功能、保护生物膜的稳定，对防止和减少粉尘的侵入及对机体的危害有重要作用。可多食用胡萝卜、南瓜、新鲜叶类蔬菜等。

（3）增加蛋白质的摄入。蛋白质可与重金属结合，从而有利于重金属的排出，同时还可以增强身体素质。可多食用鸡肝、鸭肝、蛋类、胡萝卜、菠菜、韭菜、黄花菜、南瓜等。

### （二）饮食注意事项

（1）选择健脾开胃，清肺补肺，有营养易吸收的食物。如瘦肉、鸡蛋、牛奶、豆浆、豆腐、银耳、荸荠等，多食新鲜蔬菜和水果。

（2）忌食“发物”。如猪头肉、鸡肉、鹅肉、荞麦面等。这些发物容易生热化火，灼伤血络，引起咯血、咳嗽等症状。

（3）戒烟或控制吸烟。烟草中有十余种化学致癌物质，从口吸入，对肺部健康有直接影响。

（4）忌食辛辣及调味品。如辣椒、姜、葱、生蒜、胡椒等。这些食物能刺激呼吸道，引起咳嗽等症状，对健康不利。

## 七、对运动一族的营养提示

运动消耗了人体大量的能量。而由于运动负荷较大，运动者的血容量增大、血红蛋白含量也随运动负荷量而变化，运动一族比一般工作者更能运输大量氧气和能量代谢并排除代谢产物；在运动中，主要的生理特征是肌肉大量运动，肌肉的主要能量来源是糖类和脂肪。所以运动一族应更加注重合理的饮食和营养的选择。

（一）营养摄入

（1）注意碳水化合物的补充。碳水化合物能够维持血液中正常的血糖水平，因此在饮食中应适当进食含有碳水化合物的食物。

（2）适量的脂肪摄入。在进行轻、中度运动时，脂肪约为人体提供50%的能量，但膳食中脂肪比例过高，对运动反而不利。因此在饮食中，脂肪占总热能的25%～30%为宜。

（3）增加维生素的补充。研究指出，运动员的身体对于维生素的需要量较一般人高一倍左右。因此，在日常饮食的营养摄入中，应多吃一些富含维生素的食物。

（4）增加无机盐和水的摄入。由于长时间的运动，失水量会增加，使血清中铜、钾、钙浓度升高。因此，在运动中适量补水、补盐很重要。在运动前，饮用500mL以下低渗饮料；运动后2h优先分次补充液体，以恢复水、电解质平衡，促进废物排出，这样更有利于体力的恢复。

（二）饮食注意事项

（1）注意酸碱平衡。酸性过高会增加体内钙、镁的消耗，易引起疲劳，而且会使血液的黏滞度增高，对运动是极为不利的。

（2）多吃易消化的食物。饭后不能立即运动，运动后不能立即进食，不能吃了就睡，这样对肠胃不利，还影响消化吸收，易感染疾病。

（3）运动前应食用少量食物。在运动过程中应及时补充水分；运动后不宜吃鱼肉等酸性食物。运动后应多吃一些水果、蔬菜、豆制品等碱性食物，以保持酸碱平衡，从而达到消除运动疲劳、保持健康的目的。

**思考题**

1. 久坐型职业与久站型职业常见的疾病有哪些？
2. 引发高血压的主要因素是什么？
3. 简析对运动一族的营养提示。

# 第七章　职业与安全

《职业健康安全管理体系规范》对“安全”给出的定义是:“免除了不可接受的损害风险的状态。”职业安全又称劳动安全,是以防止职工在其从事的职业活动过程中,发生各种伤亡事故为目的的,在工作领域,及在法律、技术、设备、组织制度和教育等方面所采取的相应措施。

**学习目标**

1. 了解实习过程中需要注意的安全事项。
2. 了解不同职业类型所面临的危险和危害。
3. 学习不同职业类型的安全防范措施和应急方法。

## 第一节　实习安全注意事项

实习是中职学生完成学业的必修环节,他们通过实习才能了解真实的生产环境与生产过程,掌握操作技能。企业的真实环境、生产过程与校内模拟的相比更为复杂,不可预测的安全隐患更多。因此,中职生在实习前,应与学校、实习单位签订三方顶岗实习协议,明确三方的义务和责任,更要掌握实习安全注意事项,避免实习期间发生人身伤害事故及纠纷。

### 一、办公室实习安全

办公室实习安全注意事项可归为以下几类。

#### (一) 电气设备安全

办公室常用的电器设备有计算机、复印机、充电器、碎纸机、饮水机等。这些电器存在的安全隐患有触电、夹伤、卷入、烫伤等。针对这些问题,实习生在工作时要做到以下几点。

(1) 合理固定办公室电路电线,切忌缠绕;插线板要保持清洁;发现有插头或电线有破损要立即更换。

(2) 不要自行修理电器设备;下班前检查电器,切断电源。

(3) 使用裁纸机、碎纸机时要集中注意力,小心领带、长发等被卷入。

（4）正确使用办公室的复印机等设备，防止强光损伤眼睛。

### （二）物品摆放与使用安全

物品的合理摆放与正确使用能提高工作效率，减少安全事故的发生，在办公室实习期间，物品摆放的注意事项如下。

（1）物品不可摆放在过道上，不能阻碍紧急出口、电柜或消防设备。

（2）严禁将文件柜放在电线上，开水、加湿器要远离计算机、打印机等电器设备。

（3）办公室不能存放有危险及有毒物品。

（4）办公桌使用前要检查是否有粗糙点、毛刺等；抽屉是否推拉顺畅，确保其限位安全，抽屉使用完要立即关上，避免磕碰，同时也避免夹伤。

（5）座椅使用前要检查螺丝、脚轮等是否松动或缺失，使用时不要使椅背过度弯曲，使用脚轮移动椅子时，速度不要太快，避免跌落。

（6）移动物品时，避免跌落风险与过度扭曲身体。

### （三）其他安全

除了注意电器设备和物品摆放及使用存在的安全隐患外，还要注意以下方面。

（1）不要边走路边看手机或文件。

（2）打水或去卫生间时，注意台阶和地面是否有积水。

（3）要熟知办公场所的应急逃生路线，注意观察办公楼道、消防逃生通道是否通畅，发生火灾或地震时切勿乘坐电梯逃生。

（4）注意观察办公室饮水机清洁，发现饮用水变色、变混、变味要立即停止饮用，切忌空烧。

## 二、工厂车间实习安全

工厂车间潜在的安全隐患较多，实习生经常因为一时的麻痹大意，引发不可挽回的生命财产损失。所以，在上岗实习之前，一定要全面评估安全隐患，尤其是在生产线上的操作工，要在模拟环境下熟练掌握操作技能后，才能到实际岗位上进行实习。除此之外，在工厂车间实习还应注意以下几点。

### （一）身穿防护服，心中不惊慌

（1）进入厂区前检查防护服、眼罩、呼吸器、耳塞等防护装备是否穿戴完好，是否符合防护要求，如图 7-1-1所示。

（2）操作时要按要求穿戴劳动防护用品，留长发人员应戴工作帽，且长发不能露在外面。

### （二）规范操作，预防机械伤害

（1）使用机械设备前要检查设备是否符合安全要求。

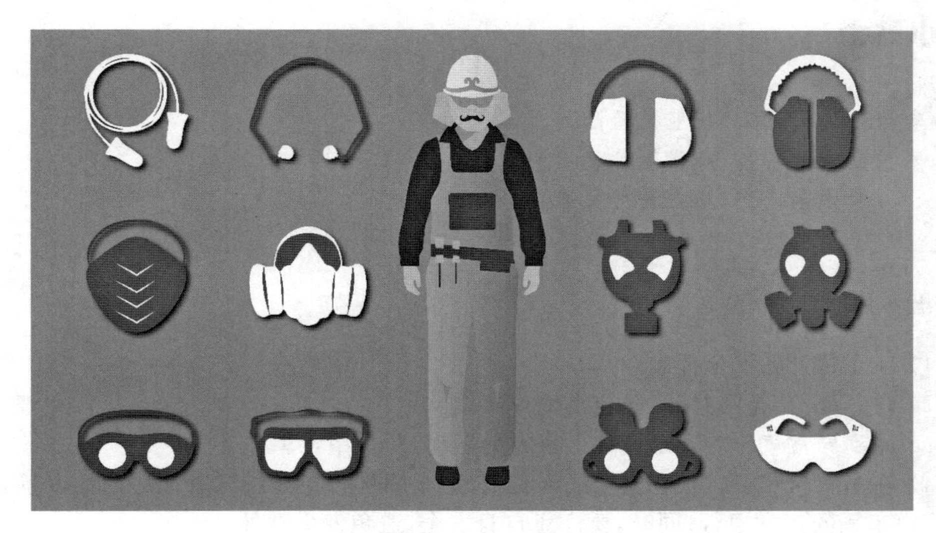

图 7-1-1 防护装备穿戴示意图

(2) 机械在运转时，不可离开工作岗位，严禁用手调整、测量工件以及润滑、清扫杂物。

(3) 工作结束后，应先关闭开关，再清理好工作场地，将零件、工装夹具等摆放整齐，保持机械设备的清洁卫生。

(4) 设备出现紧急情况时，应先迅速撤离现场，并向上级汇报，联系维修人员，正确应对，绝不围观。

### (三) 小心触电，预防触电伤亡事故

(1) 检查电线是否有破损，设备的接零或接地等是否齐全、可靠。

(2) 使用手电钻、电砂轮等手用电动工具时，必须安装漏电保护器；工具的金属外壳应进行防护性接地或接零；使用合格插座；操作时要戴绝缘手套、站在绝缘板上。

(3) 在进行电气作业时，要严格遵守安全操作规程，遇到不清楚或不懂的事情，切不可不懂装懂，盲目乱动。

### (四) 避免爆炸事故

(1) 在厂房区内禁止吸烟，采取监测措施，当发现空气中有可燃气体、蒸汽或粉尘浓度达到危险值时，要采取适当的安全防护措施。

(2) 在有火灾、爆炸危险的车间内，应尽量避免焊接作业，进行焊接作业的地点要与易燃易爆的生产设备保持一定安全距离。

(3) 在易燃易爆区内禁用金属敲打、撞击、摩擦。

(4) 锅炉操作必须经过专业培训。

**小贴士**

实习安全大如天，职业风险随处见，
防护设施要备全，规章制度记心间，
小心操作生产线，集中精力莫偷闲。

（五）其他注意事项

(1) 注意每处的安全标志。

(2) 注意地沟、排污井等，防止滑倒或摔倒。

(3) 闻到异常气味时要迅速往上风方向撤离，防止中毒。

(4) 在车间内实习时须在安全线内行走；在车间外行走时注意避让厂内的车辆，不要妨碍厂内车辆的正常通行；同时，要注意自身安全，避免发生意外。

(5) 与生产线上的师傅交流要注意礼貌、谦和，不干扰师傅的正常操作。

## 三、户外实习安全

电工作业、高空作业、机动车驾驶、工地作业等都需要在户外进行工作，相对于办公室、车间工作来说，造成户外工作安全事故的因素更多。除了职业本身电器设备、作业环境等存在安全隐患外，异常气象也是安全作业不可忽略的因素，因此在户外实习时更应加强安全防范。

（一）防护用品不可少

按要求穿戴防护用品。防护用品一般都具有一定的功能性，例如，高温作业用的防护用品有隔热、阻燃、热反射等作用；防寒服导热系数小、吸湿性小；电工防护服有绝缘作用等。

（二）异常气象影响大

关注天气预报。在恶劣天气中（指 6 级以上的强风、大雪、大雨、大雾）禁止从事露天高空作业；雷雨天不可靠近高压杆、铁塔；气温较低的冬季，露天作业要有防风棚、取暖棚，如果暴露在 −6℃ 和 45km/h 的风速下，应避免风吹。

（三）特殊行业事项多

(1) 上岗前一定要做健康检查。有癫痫、晕厥、红绿色盲、四肢关节运动功能障碍者不能进行高空作业、电工等工作，更不可隐瞒病情贸然实习。

(2) 高空作业必须系安全带或使用安全网，作业前要检查安全带或安全网各部分有无破损。高空作业时，禁止乱扔物料，手持工具和零星物料应随手放在工具袋内，安装、更换玻璃时要有防止玻璃坠落的措施。

(3) 在轨道上露天作业时会经常使用到起重机，当工作结束后，务必将起重机锚定住；当风力大于6级时，一般应停止作业，并将锚定住。

(4) 根据工作环境需求，涂抹护肤用品，防止各种化学、物理、生物的危害，工作结束后，要彻底清洁皮肤。

## 第二节 不同职业类型的安全防范

无危则安，无损则全。安全是指人们在生活和生产过程中，生命得到保证，身体免受伤害，财产免于损失。掌握不同职业类型安全事故的应急方法与防范技巧，是减少伤害和损失的最好技能。

### 一、粉尘因素类职业安全防范

粉尘是长时间悬浮在空气中的固体微粒。根据粉尘组成成分的化学特性和含量多少，可以将粉尘分为无机性粉尘和有机性粉尘。无机性粉尘主要是由无机物质组成的粉尘，可分为金属性粉尘（如铝、铁、铅等金属及化学物）、非金属的矿物粉尘（如石英、煤、滑石等）、人工合成无机粉尘（如水泥、玻璃纤维等）。有机粉尘主要是由有机物质组成的粉尘，可分为植物性粉尘（如木尘、烟草、棉等）、动物性粉尘（如蓄毛、骨质等）、人工有机粉尘（如有机染料、农药等）。混合性粉尘由两种或多种粉尘混合在一起，在生产中最为常见，是人类健康的天敌。常见的粉尘警示标志如图7-2-1所示。

图 7-2-1

#### （一）粉尘对人体的危害

各种粉尘因其不同的特性，可对人体产生各种损害。例如，可溶性有毒粉尘进入呼吸道后，能很快被吸收并融入血液，引起中毒；放射性粉尘，可造成放射性损伤；某些硬质粉尘可损伤角膜及结膜，引起角膜混浊和结膜炎；粉尘堵塞皮脂腺和机械性刺激，可引起粉刺、毛囊炎、脓皮病等皮肤病；粉尘进入耳道混在皮脂中可形成耳垢，从而影响听觉。粉尘还具有爆炸危害，随着工业的发展，爆炸粉尘的种类越来越多，造成的事故屡见不鲜。

 **小贴士**

**粉尘防护四字箴言——“检、察、护、规”**

检——定期做职业健康身体检查。

察——注意观察身边安全隐患。

护——穿戴好个人防护用具。

规——规范进行各项操作。

### （二）安全防范

（1）工作时按国家颁发的劳动防护用品配备标准及有关单位规定配备工作服、手套、防毒防尘口罩、防护眼镜及耳塞等劳动防护用品，并严格遵守劳动防护用品的采购、验收、保管、发放、使用和报废制度。

（2）粉尘作业人员要定期体检，以便及时发现尘肺患者。此外，要注意营养、加强锻炼，增强体质。

（3）粉尘车间确保通风、防爆、隔爆及泄爆等设施完好、适用。

（4）在粉尘作业场所应杜绝各种非生产明火存在，如吸烟等。

（5）注意工作场所，尤其是存在易爆粉尘的场所，要安装防雷设备、防爆防尘设备、电气过载保护装置等安全防护装置。

（6）基于对自己生命安全负责的原则，在发现其他人员有违背安全守则的操作行为时要及时劝阻。

### （三）应急方法

**1. 尘肺患者**

尘肺病人一旦确诊，应立即脱离接触有害粉尘，并作劳动能力鉴定。根据全身状况、X射线诊断分期及结合肺功能代偿功能确定，进行适当工作或休息，同时注意饮食与自我保健。

**2. 突发的粉尘泄漏**

要立即停止机器操作，切断现场所有电源开关，切忌点燃明火。通知现场及附近人员紧急撤离事故区域，并立即向上级报告。如果在公共场所遇到粉尘事故，身边没有口罩、防护服等护具，要尽量用衣物等掩住口鼻，减少吸入的可能。如果已经有火势出现，在不明粉尘成分构成的情况下，不要贸然使用灭火器，以免加大火势或引起二次爆炸。在安全的情况下拨打火警电话119，等待救援。

## 二、毒物因素类职业安全防范

在一定条件下，较小剂量就能够对生物体产生损害作用或使生物体出现异常反应的外源化学物称为毒物。毒物可以是固体、液体、气体，与机体接触或进入机体后，能与机体互相作用，发生物理化学或生物化学反应，引起机体功能障碍或器质性病变，严重的甚至危及生命。

### （一）职业中毒

职业中毒是指在生产和劳动中由于使用或接触有毒物质，而引起人体器官或组织发生病变。引起职业中毒的工业毒物按其综合性分类有金属及金属毒物（如铅、汞、锰等）、刺激性气体（如氯、氨、二氧化硫等）、窒息性气体（氮气、甲烷、乙烷等）、有机溶剂（如苯、汽油等）、苯的氨基和硝基化合物、高分子化合物（如塑料、合成橡胶等）、农药。职业中毒的表现可分为急性、亚急性和慢性三种。

**1. 急性中毒**

由毒物一次或短时间内大量进入人体所致。多数由发生事故或违反操作规程引起。例如，一次吸入高浓度硫化氢会立即昏迷；喷洒有机磷农药，经过皮肤吸收后数小时内导致中毒等。

**2. 亚急性中毒**

介于急性和慢性之间，是指在短时间内有大量毒物进入人体所产生的中毒现象，一般接触毒物1个月内发病，如亚急性铅中毒。

**3. 慢性中毒**

由于长期有少量毒物进入人体所致。大多数由于积蓄毒物引起，往往需要接触几个月，甚至数年后才能逐渐出现症状。例如，经常接触超过最高容许浓度的苯蒸汽或放射性物质，可导致白细胞减少或骨髓造血功能受到抑制。

（二）安全防范

(1) 工作前要确认自己已经完全清楚此类行业可能对身体造成的危害。

(2) 上岗前要由所在单位进行全面的安全培训，熟知各项操作规程及安全防护措施。

(3) 确认所在单位拥有相应受限空间作业许可证后，再决定是否上岗。

(4) 严格按照操作规程进行作业，上岗时应办齐进入密闭空间的各种许可证。

(5) 在密闭空间进行检修时，首先就是通风换气，其次对密闭空间内部进行氧气、危险物、有害物浓度监测，应由专人对这一步进行监督。

(6) 按要求穿着工作服，佩戴工作帽、手套、供氧式防毒面具等，皮肤被污染后要立即清洗。

(7) 确认工作场所是否设置自动报警装置，例如硫化氢自动报警装置。

(8) 监护人员应配备必要的应急救援器材（小型氧气呼吸器），参加医疗培训，掌握简单的医疗救援措施。

(9) 从事有毒有害作业的工作人员，应逐步实施轮换、短期脱离、缩短工时并进行预防性治疗等措施。

(10) 上岗前和工作期间定期体检，有职业禁止疾病者不可从事所禁止的作业，定期体检、及时发现健康问题和疾病。

 **小贴士**

**化学类职业防护安全口诀**

穿戴防护要做好，衣物口罩不可少。
自身安全须谨慎，防范知识要记牢。
发现问题及时报，应急救援少不了。
身体健康定期查，适度休息精神好。

### （三）应急方法

化学品在生产、储存和使用过程中，因容器意外破裂、遗洒造成的泄漏事故时有发生，因此需要采取及时、简单有效的安全技术措施来减少或消除危害。

（1）工业毒物发生泄漏，首先要疏散无关人员，隔离泄漏污染区。

（2）生产过程中发生泄漏时，要在统一的指挥下，关闭有关阀门、切断相关联的设备、管线，停止作业，控制泄漏。

（3）在参与处理泄漏的化学品时，要对化学品的性质和反应特征有充分的了解，绝对不要单独行动，要特别注意对呼吸系统、眼睛、皮肤的防护。

（4）气体泄漏时，首先应止住泄漏，用合理的通风使其扩散，不至于积聚，或者喷雾状水使之液化后处理。

（5）少量的液体泄漏时，可用沙土或者其他不可燃吸附剂进行吸附后再处理。

（6）大量液体泄漏时，可采用引流的方式引导到安全地点，覆盖表面减少蒸发，再进行转移处理。

（7）固体物质泄漏时，要用适当的工具收集泄漏物，并用水冲洗被污染的地面。

（8）易燃易爆毒物泄漏时，一定要打“119”报警，请专业的防化人员和消防人员救援。

## 三、物理因素类职业安全防范

工作环境或工作过程中所产生的物理因素是很多职业病的来源，其危害在生产中是不可避免的，因此我们要了解身边的物理因素及预防措施，设法将其造成的危害控制在一定的范围内，保障我们的健康。

### （一）物理因素造成的危害

在生产和工作环境中与劳动者健康密切相关的物理因素主要有三大类，分别为气象条件类、噪声和振动类、非电离辐射类。

（1）气象条件类有高温、低温、低气压、高气压、高原低氧等。高温环境包括炎热天气的户外作业及高温车间，容易引起高温中暑。低温环境包括冬季寒冷天气户外作业及人工低温的冷库、低温车间等，容易发生冻伤和低温症。低气压和高气压环境常出现在高空、高原、潜水、潜涵作业中，易对人的听觉系统、视觉系统和心血管系统产生不良影响。高原地区的环境为高原低氧，易发生高原病。

（2）噪声对人体的影响是多方面的，很多加工工业的作业环境中噪声分贝都很大，易损伤听力系统、神经系统，造成耳鸣、神经衰弱等。

在生产过程中由于机器转动、撞击或车船行驶等产生的振动为生产性振动，在使用风动工具（气锤、风钻、风镐、气锤等）、电动工具（电钻、电锯、电刨等）及高速旋转工具（砂轮机、抛光机等）时会接触到局部振动，长期局部振动可能对神经系统、心血管系统、骨骼肌肉系统、免疫系统和内分泌系统造成影响，典型的由振动导致的职业病称为振动病，也称职业性雷诺现象、振动性血管神经病、气锤病和振动性白指病。

（3）非电离辐射包括紫外线、光线、红外线、微波及无线电波等，非电离辐射的行业主要有焊接、冶炼、半导体材料加工、塑料制品热合、雷达导航、探测、核物理研究、食品加工、医学理疗等，强度较大的辐射可能导致头昏、乏力、记忆力减退、月经紊乱等症状。激光是一种人造的、特殊类型的非电离辐射，广泛应用于精密机械的加工、通信、测距、微量元素分析、外科手术等领域，如果使用不当会对眼睛和皮肤造成伤害。

### （二）安全防范

（1）在应对气候类型的物理因素所造成的职业伤害时，首先要做好防护。例如，高温车间，应对热源采取有效的隔热措施，常见的方法有：利用流水吸走热量，或用隔热材料包裹热源管道等。加强通风也是改善环境最常用的方式。在高温环境中作业还要注意补充水分和盐分，持续作业时间不能过长。

（2）为防止发生冻伤应当做好防冻保护。穿着吸湿性强的防寒服，在潮湿环境下作业时应穿橡胶长靴或橡胶围裙等，工作前后涂擦防护油膏，养成良好的卫生习惯。有心血管、肝、肾疾病的患者不宜从事低温作业。

（3）高空、高原和高山均属于低气压环境，要预防高原病的发生，进行适应性锻炼，实行分段登高，逐步适应。在高原地区应逐步增加劳动强度，对劳动定额相应减少并严格控制。同时摄取高糖、多种维生素和易消化的食物，多饮水，不饮酒；注意保暖防寒、防冻、预防感冒。对进入高原地区的人员，应进行全面的身体检查，凡有心、肝、肺、肾等疾病，高血压、严重贫血者，均不宜进入高原地区。

（4）对于噪声危害的防范主要是控制和消除噪声源，如果工作和生产场所的噪声暂时不能控制，则需要佩戴好个人防护用品，如耳塞、耳罩、头盔等。

（5）如果经常接触噪声，要定期进行听力检查。凡有听觉系统、心血管系统及神经系统疾患者，皆不宜参加有噪声的作业。要控制作业的时间，合理换班。

（6）预防振动的危害应从工具改革入手，改进工具，在工具把手上安装缓冲装置，可以为自动或半自动式操纵装置，减少手及肢体直接接触振动体，应给振动作业工人发放双层衬垫、五指手套或衬垫泡沫塑料的五指手套，以减振保暖。建立合理的劳动制度，制定工间休息及定期轮换制度，并对每日接触振动的时间进行限制。定期体检，及时发现和处理受到的振动损伤。

（7）对于紫外线、光线、红外线、微波及无线电波等非电离辐射危害，首先是对电磁场辐射源进行屏蔽，其次是加大操作距离。在工作场所一定要注意辐射源是否屏蔽良好，不要随意打开辐射源的机壳。认清辐射源周围的警示标志，不靠近辐射源，保持安全距离。作业时穿戴专业的防护衣帽和眼镜。

（8）对于激光要有了解，严禁裸眼观看激光束，作业区要有醒目的警告牌，作业时佩戴合适的防护眼镜和防护手套，操作室不得安置能反射光束的设备。

### （三）应急方法

要掌握基本的急救知识，才能在发生物理因素伤害时进行及时的救助。

（1）在电焊、气焊、氧焰切割等作业过程中，容易发生电光性眼炎，这是紫外线过量照射所引起的急性角膜炎，在急性期要卧床闭目休息，戴遮盖眼罩，减少光线对眼的刺激，使用潘妥卡因、丁卡因等眼药水缓解疼痛，并及时就医。

（2）出现高原病症状时，一定要卧床休息，吸氧，及时送医进行治疗，在病情稳定时远离高原地区。

（3）对于噪声、振动的影响要以预防为主，发现身体有不适，一定要及时就医，遵循医嘱。

## 四、放射因素类职业安全防范

放射性是指元素从不稳定的原子核自发地放出射线，衰变形成稳定的元素而停止放射的现象。当环境中的放射性物质的放射水平高于自然水平，或超过规定的卫生标准，就成为放射性污染。

### （一）放射因素的危害

许多行业都存在着放射性因素的职业危害，比如石油和天然气开采业的钻井和测井、日用化学品制造业的感光材料检验、塑料制品业的塑料薄膜测厚、食品加工业的辐射灭菌和辐射保鲜、医药工业的放射性药物生产、辐射医学的“X”射线透视检查和介入治疗等。如果防护措施不当，就可能患上放射病，急性放射病可能引起造血障碍、发育停滞、皮肤溃疡、暂时或永久性不育，慢性放射病则会引起神经衰弱、白内障、造血系统或脏器功能改变。

### （二）安全建议

（1）从事放射性工作的人员一定要有高度的警惕性，要严格遵守相关的行业规范守则，切不可掉以轻心。

（2）控制辐射源。在保证效用的前提下，尽量减少辐射源的用量。例如，在工业探伤作业中，采用灵敏的影像增强装置，可减少照射剂量。

（3）时间控制。在作业时尽量减少人员受照射的时间，如轮流操作、熟练操作技术、减少不必要的停留时间等。

（4）屏蔽防护。既要注意检查放射源屏蔽设施是否完好，又要注意个人佩戴的屏蔽防护装备是否齐全。

（5）保持安全的操作距离。在保证效果的前提下，尽量远离辐射源，操作过程中切忌直接触摸放射源。

（6）定期体检。从事放射性相关职业的人员最好建立特殊档案，定期体检。

（7）设警示标志。工作人员在进入工作区时应随身携带便携式的专业放射性检测仪，工作区要设有明显的警示标志。

（8）放射性废物标志。放射性废物也必须有明显标记，并进行专业处理。

（9）及时清洗。进行放射性相关操作后及时清洗体表、工作服、器皿等，以防放射性表面污染造成危害。手和皮肤的清洗可用肥皂、洗涤剂、高锰酸钾、柠檬酸等，不宜用有机溶剂。工作服若污染严重,要用草酸和磷酸钠的混合液洗涤,且不宜用手洗。

(10) 工作单位应有处理应急事故的预案。

**小贴士**

**放射性工作安全口诀**

放射工作有危险,遵守制度严把关,
途中查看听警报,安全押运防失盗,
剂量牌子不忘戴,剂量监测显关爱,
铅衣眼镜铅手套,护具穿戴防伤害,
持具装卸守规范,做好防控守安全。

(三) 应急方法

当工作场所的放射源或放射性物质在使用、运输、储存的过程中发生失控、丢失、被盗以及人员受超剂量照射事故时,应本着迅速报告、主动抢救、生命第一、控制事态恶化、保护现场并收集证据的原则,作出快速反应。发生放射源被盗、丢失事故时,应立即通知主管部门,并向公安机关、卫生行政部门报告,配合侦查,尽快找回丢失的放射源。发生人员受超剂量照射事故时,除立即上报外,还要迅速让受照射人员就医,控制现场,无关人员快速撤离,防止事故蔓延。

## 五、生物因素类职业安全防范

生产原料和生产环境中存在的有害人体健康的致病微生物、寄生虫、动植物、昆虫等及其产生的生物活性物质统称为生产性生物有害因素。生物因素导致的疾病有很多具有传染性,因此在从事生物因素类相关职业时,要详细了解相关的专业知识,预防可能发生的危害。

(一) 生物性有害因素的危害

生物性有害因素会引起法定职业性传染病,如炭疽、布氏杆菌病、森林脑炎病毒等,也是构成职业性哮喘、外源性过敏性肺泡类和职业性皮肤病等法定职业病的致病因素之一。

炭疽是由炭疽杆菌引起的人畜共患的急性传染病。主要发病人群为牧民、饲养员、屠宰人员、皮毛加工人员、兽医人员。皮肤炭疽可引起皮肤大片坏死;肺炭疽轻者胸闷、咳嗽、发热等,重者会出现纵隔淋巴结肿大、出血并压迫支气管造成呼吸窘迫;肠炭疽轻者类似食物中毒,重者出现败血症和感染性休克,不及时治疗可导致死亡。

布氏杆菌病在临床上可分为急性期和慢性期两种类型。布氏杆菌病急性期潜伏期为7～60天,少数患者潜伏期达数月或1年以上。急性期症状表现颇似重感冒,持续3～5天,大多数患者有发热症状,典型病例体温变化呈波浪状,患者发热前多伴寒战畏寒、关节疼痛症状,疼痛成锥刺痛或钝痛。布氏杆菌病慢性病期是由急性期发展而来的,也有无急性病史者。其症状多不明显，具有急性期间的表现。也可长期低热或无热、疲乏无力、头痛、反应迟钝、精神抑郁、神经痛、关节疼。神经系统表现为神经炎、神经根炎等，泌尿生殖系统可有睾丸炎、卵巢炎、子宫内膜炎等，心血管系统可有支气管炎或支气管肺炎等。

职业森林脑炎的潜伏期一般为10～15天，也有长1个月者。普通型患者发病急，并出现不同程度的意识障碍、颈和肢体瘫痪和脑膜刺激征。轻症患者发病多而缓慢，有发热、头疼、全身酸疼、耳鸣、食欲不振等症状。重症患者突发高热，并伴有头痛、恶心、呕吐、意识障碍等症状，并在数小时内进入昏迷状态、抽搐，甚至死亡。

### （二）安全建议

（1）在工作前及工作期间及时接种疫苗，定期进行身体检查，对自身身体状况有基本了解。

（2）对身体出现发热、头痛或其他可能的发病征兆要有高度的警觉性，一旦感到身体不适要及时就医。

（3）从事需要在森林中进行作业的工作时，如伐木、护林、中草药采摘等，要穿戴好防护服及高筒靴，头戴防虫罩，避免被蜱虫或其他虫子叮咬，降低被传染森林脑炎病等传染病的风险。

（4）从事须与动物直接或间接接触的工作时（如食品制造业、纺织业、畜牧业、皮革及其制造业、兽医等），需做以下防护。

① 按相关规定穿好工作服和工作鞋。

② 解剖动物、人工授精、购买皮毛时一定要戴好乳胶手套。

③ 业务人员不要带病工作，尤其是手上有伤口时，不要与动物直接接触，防止感染炭疽病。

④ 工作衣物及时更换，且要经常用80℃以上的水浸泡20min，再用肥皂或洗衣粉洗涤。

⑤ 兽医人员在布鲁氏菌病检疫采血时应戴乳胶手套、口罩、帽子，穿工作服、工作鞋，工作时禁止吸烟、吃零食、玩手机。

### （三）应对措施

在暴雨、洪涝、泥石流等灾害发生后，如发现有牲畜或其他动物突然死亡的情况，应警惕其是否感染炭疽病毒。首先要上报当地的防疫部门，等待专业的工作人员来处理，不要接触动物尸体，不要触碰尸体周围的积水、血液、杂草等，与动物尸体保持一定距离。当确定为炭疽感染后，严禁进行尸体解剖，由专业人员将尸体包装后运到指定地点焚烧。对牲畜活动的场地，畜栏地面、过道及周边连续三天用消毒水喷洒，污染的饲料、垫草、粪便要焚烧处理。健康畜和病畜分开放牧，对接触病畜的畜群要进行减毒活疫接种，并实施监控，一个月后未有新病例发现方为安全。感染的工作人员的衣服、用具、废敷料、分泌物、排泄物等分别采取煮沸、漂白粉、环氧乙烷、过氧乙酸、高压蒸汽等消毒灭菌措施。

发现感染布氏杆菌的牲畜或动物时要及时隔离治疗，必要时宰杀，病毒感染过的死畜必须深埋。对病畜污染的环境用20%漂白粉或10%石灰乳消毒。病畜乳及其制品必须煮沸消毒。皮毛消毒后还要放置3个月以上，方准运出疫区。

蜱虫叮咬易引起森林脑炎，如果蜱虫已刺进皮肤，不可用力猛拉，以免蜱虫的刺连同头断在人的皮肤内形成溃疡，不易愈合。最好用油类或乙醚滴于蜱虫身体致其死亡，再轻轻摇动，缓缓拔出，如果刺已经断在皮肤里，则可用消毒针仔细将其挑出，再用碘酊或酒精消毒，并及时就医。

## 思考题

1. 车间实习的注意事项有哪些？
2. 如何做好物理因素类职业的安全防范？
3. 放射性因素的危害有哪些？

# 参考文献

[1] 高徐，等. 新编体育与健康[M]. 北京：北京师范大学出版社，2015.
[2] 何平，窦红. 尘肺病防治100问[M]. 北京：人民卫生出版社，2015.
[3] 胡德刚，于素梅，张吾龙，等. 基于"4M理论"构建一体化运动安全教育内容与评价指标体系[J]. 中国健康教育，2021，37(12)：1091-1094.
[4] 胡德刚，周惠娟，谭世杰. 中职生安全教育[M]. 北京：清华大学出版社，2016.
[5] 胡德刚. 体育教学中渗透安全教育内容的路径[J]. 四川体育科学，2023，42(02)：133-136，147.
[6] 靳平，冯峰. 营养与膳食指导[M]. 北京：科学出版社，2016.
[7] 李波. 轮滑运动从入门到精通[M]. 北京：人民邮电出版社，2022.
[8] 李琳. 中小学轮滑教学理论与实践[M]. 北京：北京体育大学出版社，2017.
[9] 李小宁，姜丽萍. 职业人群健康宝典[M]. 南京：东南大学出版社，2015.
[10] 林文弢，徐国琴. 青少年体育锻炼与营养[M]. 北京：科学出版社，2021.
[11] 刘玉江，戴江洪. 定向运动教程[M]. 成都：西南交通大学出版社，2023.
[12] 刘玉江. 定向运动教学与训练[M]. 2版. 成都：西南交通大学出版社，2015.
[13] 马克·斯蒂芬斯. 瑜伽教学基本理论和技巧[M]. 北京：中国华侨出版社，2020.
[14] 米雷娅·帕蒂诺·科尔. 瑜伽训练彩色图谱[M]. 北京：人民邮电出版社，2021.
[15] 朴淑姬. 身体矫正操[M]. 天津：天津科技翻译出版公司，2020.
[16] 王翔. 定向运动[M]. 北京：高等教育出版社，2023.
[17] 张晓威. 定向越野[M]. 北京：机械工业出版社，2019.
[18] 张一帆. 职业健康与安全[M]. 北京：中国医药科技出版社，2021.
[19] 中国营养学会，达能营养中心. 中国上班族膳食营养指导[M]. 北京：中国妇女出版社，2015.
[20] 中国营养学会. 中国居民膳食指南(2022)[M]. 北京：人民卫生出版社，2022.
[21] 周学政. 中国学生徒步定向竞赛规则[M]. 北京：北京体育大学出版社，2015.